最高の人生を約束する

自分の磨き方

オリソン・マーデン
弓場隆 編訳

Discover

最高の人生を約束する 自分の磨き方　もくじ

I 自分の可能性を信じる

II 粘り強く努力する

III 人間関係を大切にする

IV 引き寄せの法則を活用する

V 人生を楽しむ

VI 信念を持つ

VII 幸運をつかむ

VIII 愛情と友情をはぐくむ

はじめに　偉人オリソン・マーデンについて

本書の著者オリソン・マーデンは自己啓発の先駆者として知られるアメリカの成功哲学者で、19世紀末から20世紀初頭にかけて約30年間にわたり作家として活動しました。本書はその思想の真髄をわかりやすく伝えるために、未邦訳の著作も含めて膨大な作品群から名言を抜粋し、超訳というかたちで簡潔にまとめたものです。

著者の略歴をご紹介します。

オリソン・マーデン（本名オリソン・スウェット・マーデン）は1848年（1850年という説も）にスコットランド系移民の子としてニューハンプシャー州の寒村で生まれました。3歳で母親を亡くし、7歳で父親が森の中で負ったケガが原因で死亡したために、小学校に上がるころには孤児となり、2人の妹と奉公先を転々としながら学校に通いました。

17歳のときに奉公先の屋根裏部屋でイギリス人作家スマイルズの『自助論』と出

合ったことが、人生の転機になります。それを読んで非常に強い感銘を受け、いつか自分も素晴らしい本を書いて人びとを励まそうと決意しました。

その後、向学心に燃えてボストン大学で文学修士、ハーバード大学で医学博士、ボストン大学に戻って法学士の学位を取得しました。

卒業後は実業家としてホテル経営に携わり、40代で念願の自己啓発作家に転身しました。1894年に刊行した『Pushing to the Front』は世界中で累計1000万部を突破する大ヒットを記録し、日本では1897年（明治30年）に『立身策』という邦題で翻訳出版されて150万部を超えるベストセラーとなりました。

1897年、『サクセス・マガジン』というビジネス誌を創刊して編集長に就任し、財界の名士のインタビュー記事を掲載して話題を呼びました。この雑誌は創刊から120年以上を経た今でも全米で刊行され、『タイム』や『フォーブス』などと並ぶ5大ビジネス誌のひとつとして好評を博しています。

1924年に74歳で亡くなるまでに約50冊の著作を残しました。人格形成を通じて物心両面で豊かな人生を送ることを提唱する実用的な成功哲学は、多方面で高い評価を受けました。政界ではセオドア・ルーズベルト大統領やイギリスのウィリアム・グラッドストン首相、産業界ではトーマス・エジソンやヘンリー・フォード、思想界ではナポレオン・ヒルやデール・カーネギーらに強い影響を与えました。ちなみに日本では、松下幸之助（パナソニック創業者）や稲盛和夫（京セラ創業者）も学んだ哲学者で実業家の中村天風（天風会の設立者）はマーデンを人生の師と仰ぎ、教えを請うために渡米しています。

私生活では夫人との間に一男二女をもうけました。同名の長男（オリソン・スウェット・マーデン・ジュニア）はアメリカ法曹協会の会長をつとめた著名な弁護士で、偉大な教育者でもあった父親の遺志を継ぎ、社会的弱者の人権救済のために国際法律支援協会を設立し、初代会長として尽力するなど大きな功績を残しています。

本書は偉人オリソン・マーデンが１００年以上も前に打ち立てた成功哲学のエッセンスを凝縮したものですが、その思想は普遍的な処世訓として現代人にも示唆に富んでいるように思います。読者の皆様にとって、本書がお役に立てれば幸いです。

２０２４年５月

編訳者

I
自分の可能性を信じる

001

とてつもない力

人間の奥底には大きな力が眠っている。
本人ですら驚くような、とてつもない力だ。
自分にそんな力があるとは思っていないかもしれないが、
その力を覚醒させれば、人生は必ずや劇的に好転することだろう。

002

最後まであきらめない

窮地に陥り、すべてが裏目に出ていると思ったとき、
もうあと一分でも耐えられないと感じても、あきらめてはいけない。
ちょうどそこから潮目が変わり、状況が好転し始める。

003

チャンスをつかむ

チャンスが訪れたとき、自信のない者は恐怖におびえるばかりで、積極的にチャンスをつかもうとしない。

チャンスは、自信にあふれた勇敢な求婚者を好きになり、気の小さい求婚者を信頼しない。臆病者がさんざん迷ったあげく、ためらいがちに声をかけたところで、すでに相手は勇敢な求婚者にさらわれている。

人生が差し出す素晴らしいものは、度胸がすわっていて、びくびくしない人のものになる。優柔不断で行動力に欠ける人がようやく決意するころには、チャンスはもう手の届かないところに行っている。

004

座右の銘を選ぶ

心に響く言葉を座右の銘に選んで、たえず自分を鼓舞すれば、人生は変わる。具体例を紹介しよう。

「人格を磨いて宝石より価値のあるものにしろ」
「チャンスを待つのではなく、チャンスをつくれ」
「できるかぎり立派な人間になるために全力を尽くせ」
「いったん取りかかったら、最後までやり遂げろ」
「自分の弱点を見つけたら、すぐにそれを改善せよ」
「困難から逃げるのではなく、困難に立ち向かえ」

座右の銘を決めるのに遅すぎることはない。長年にわたり失敗続きで落ち込んでいた人が座右の銘を決めて、それに従って行動したところ、しばらくすると別人のようになり、大きな成果をあげた例は数えきれないほどある。

005

迷ったら前進せよ

私がよく知っているある成功者は、「座右の銘をメモ帳に書き込み、いつもそれを見て自分を奮い立たせてきた」と語った。

彼の座右の銘を紹介しよう。

「毎日が新たな始まりだ。毎朝、とにかく一歩を踏み出そう。迷ったら前進せよ。進歩が止まれば、衰退が始まる。人生を素晴らしいものにするうえで、元手がかからず、最も役に立つのは、心のこもった笑顔である」

彼はさらにこう言った。

「人生の岐路に立ったときにいつも決め手になったのは、『迷ったら前進せよ』という金言だった。道に迷うたびに、どちらが前進するのに役立つかという基準で判断したら、その答えは常に正しかった」

006

人生の役に立つ標語

標語が最も効果を発揮する場所は、学校の教室をおいてほかにないだろう。毎朝、黒板に標語を書いて生徒を指導している教師もいるほどだ。

若い人たちには、とくに次の標語が役に立つと思われる。

「礼儀作法が人格を磨く」

「努力なくして成果なし」

「頑張ったぶんだけ報われる」

「強い決意を持って行動する者に限界はない」

「怠け者には扉が閉ざされ、勤勉な者には扉が開く」

「時間は誰にでも平等に与えられているが、使い方次第で大きな差が生じる」

「過去のことをくよくよ考えたり、未来のことを心配したりするのではなく、今この瞬間を最大限に活用せよ」

007

多くの人を成功に導いたモットー

多くの人を成功に導いたモットーを紹介しよう。

「できると信じている者だけが勝つ」（詩人ジョン・ドライデン）

「正しい努力は必ず報われる」（思想家ラルフ・ワルド・エマーソン）

では、私が四半世紀にわたり自己啓発作家として活動するうえで大切にしてきたモットーを紹介しよう。

「利己心は邪悪だが、利他の心は黄金である」

「自分が信じる道を貫けば、どんな荒波も切り抜けることができる」

「どんなに小さくても怒りは猛毒であり、怒りを抑えることは万能薬である」

「敵味方を問わず、常に世の中に愛を発信すれば、その何倍もの見返りが得られる」

008

やればできる

エドガー・ゲストの次の詩を暗唱し、壁に突き当たったら思い出そう。

多くの人が「そんなことは不可能だ」と言った。
だが、彼は思い切ってやってみることにした。
そして、それを成し遂げた。
多くの人が「そんなことは無理だ」とあざけった。
だが、彼は不安を捨てて、すぐに行動を起こした。
そして、それを成し遂げた。
やる前から「できない」と決めつける人はたくさんいる。
だが、笑みを浮かべて、「できない」と言われたことに挑戦しよう。
やってみれば、きっとできる。

009

人生を変えた、たったひとつの文

以前、ある若者からもらった手紙に「学生のころに雑誌の記事で読んだ一文が、自分にとって最高のモットーになりました」と書かれていた。

その一文を紹介しよう。

「素晴らしいことができるのに、つまらないことをするのは、人間にとって最大の悲劇のひとつである」

その手紙にはさらにこう書かれていた。

「このたったひとつの文に非常に強い感銘を受けたので、それを一人でも多くの人に伝えたいと思っています」

その若者は今では講演家として成功を収めている。

010

前進を続ければ、問題はひとりでに解決する

フランスの偉大な数学者で天文学者のフランソワ・アラゴは自伝の中で、「若いころ数学の勉強をしていて問題が解けずに落胆していたとき、教科書のしおりに興味深いメッセージが書かれていることに気づいた」と回想している。

それは哲学者のダランベールが若者に送った手紙の一節だった。

「とにかく前進しろ。途中でどんな難題に遭遇しようと、そんなものは前進を続けているうちにひとりでに解決する」

アラゴはこう書いている。

「このメッセージは私が数学を勉強するうえで最高の教師となった」

これは数学だけでなく、人生全般を学ぶうえで役に立つ金言である。

011

自分の可能性に目を向ける

希望にあふれているはずの若者が将来について不安を漏らすのを聞くと、とても残念な気持ちになる。

若さはそれ自体が勝利ではないか。若者の前途は常に洋々たるものだ。悲観する必要はまったくない。

希望を失って落ち込んでいる若者には、うつむくのをやめて顔を上げ、自分に秘められた大きな可能性に目を向けるべきだと力説したい。

012

情熱を燃やせば、夢は現実になる

情熱を燃やしている人にとって、苦難や迫害、嘲笑は何の意味も持たない。

世界史に残る偉業はすべて情熱のなせるわざである。

どんな職業であれ、情熱を燃やしている人には、成功の扉が魔法のように開く。情熱を燃やすというのは、何かに全身全霊を傾けるということだ。

人びとは「一緒に始めたのに、なぜあの人は短期間でこんなに大きな進歩を遂げたのだろう？」と不思議そうに言うが、「その人は他の人たちより情熱を燃やしたからだ」というのが答えである。

学校を卒業して社会に出てから、中年になってもほとんど進歩していない人がたくさんいる。彼らはとっくの昔に情熱を失ってしまったのだ。

013

もしすべての人が情熱を燃やして仕事をしたら

情熱は奇跡を起こす力を持ち、文明を常に進歩させてきた。

シーザーがルビコン川を渡ったのも、コロンブスが大西洋を航海したのも、ナポレオンがアルプスを越えたのも、エジソンが白熱電球を発明したのも、ライト兄弟が人類初の有人飛行に成功したのも、その原動力はすべて情熱だった。

太古の昔から現代にいたるまで、情熱は成功の礎だった。情熱がなければ、偉大なものは何ひとつ創造されなかっただろう。

もしすべての人が情熱を燃やして自分に最も合った仕事に取り組んだなら、世界はすっかり変わるに違いない。もしすべての人が期待と喜びにあふれて毎日仕事に出かけたなら、この世はなんと幸せな場所になるだろうか。倒産する企業はなくなり、すべての企業が永遠に栄えることだろう。

014

人生を最高傑作にする

情熱を燃やして自分の人生を最高傑作にしようと努力しているかどうかは、あなたにとって天と地ほどの違いがある。

仕事が退屈だと感じながら時計を見て給料をもらうことばかり考えていないだろうか。

もし偉大な芸術家のように強烈なハングリー精神を持って仕事に取り組んだなら、あなたは必ず大きな成果をあげることができるはずだ。

大勢の人が人生の敗残者になってしまうのは、仕事に対する情熱がまったく足りないからである。

015

うつむくよりも、上を見よ

宗教家フィリップス・ブルックスの功績は、今でも多くの人にたたえられている。その中でも最大の功績は、ごく普通の若者たちに対して、自分の中に眠っている強みに気づかせ、できないと思っていたことをするように勇気づけたことだろう。

彼は「自分を過小評価してはいけない。うつむいているのではなく、上を見よ」と指導し、大勢の人に飛躍のきっかけを与えた。

彼は偉大な教育者でもあったのだ。

016

高みをめざす

意欲をくじく大敵のひとつは無気力である。しかも、それを克服するのは至難のわざだ。楽をするために安易な道を選ぼうとする誘惑は非常に強く、多くの人はその誘惑に屈してしまう。

高みをめざし、より純粋な空気を吸いたいなら、休んで楽をするのではなく、立ち上がって険しい道を歩まなければならない。

017

成功者と失敗者の違い

失敗者はチャンスを待ち、成功者はチャンスをつくる。

チャンスがないと嘆く暇があれば、自分でチャンスをつくればいい。

チャンスとは向こうからやってくるものではない。

チャンスとは自分の頭の中で生まれるものであり、それを行動力によって活かせばいいのである。

018

常に前進せよ

陰気で悲しそうな顔を世間に見せてはいけない。それは人生が希望に満ちた愉快な冒険であることを否定し、生きることが失望に満ちた悲惨な経験だと公言しているようなものだ。

今、どんなに貧しく、どんなにみすぼらしい服装をしていて、たとえ失業していても、自分を信じ、自分を尊敬し、強い精神力で勝利に向かって常に前進していることを世間に示そう。

019

扉を開く

目の前に頑丈な扉があって、どうしてもそれをこじ開けることができないと思い悩んでいる人が多い。彼らは「コネがない」「学歴がない」「運が悪い」と言うが、扉が開かない本当の原因は、自分の努力が足りないことである。

つまり、努力不足のせいで、みずから扉を閉ざしているのだ。言い訳をする暇があるのなら、扉を開けるために努力しよう。創意工夫をすれば、どうしてもこじ開けられないと思い悩んでいた扉はすんなり開き、見たこともない素晴らしい光景が眼前に現れるだろう。

020

速やかに行動を起こす

イギリスの自己啓発作家サミュエル・スマイルズはこう言っている。

「どんなに強い願望を抱いていても、速やかに行動を起こさなければ、それは現実にならない」

つまり、努力なき信念や行動なきビジョンは、何の役にも立たないということだ。

願望を実現するために誰かが助けに来てくれるのを心待ちにしたり、神様の助けを求めたりするのではなく、「自分の力で願望を実現する」と唱えて速やかに行動を起こせば、いずれ必ず勝利を収めることができる。

021

能力開発に励む

「疲れていて勉強する気になれない」というセリフは、怠け癖がついている子供がよく口にする言い訳である。

だが、これは子供にかぎった話ではなく、大人もまったく同じだ。価値のあることを成し遂げようという健全な野心を持っていない者は、夜になると「疲れている」という言い訳をして能力開発を怠りやすい。

しかし、能力開発は気分転換にもなり、脳を疲れさせるのではなく活性化させることが、いくつもの研究によって明らかになっている。

もちろん休息の時間を確保することは重要だが、夜になると疲れて勉強する気になれないと主張する者ほど、くだらない遊びに熱中したり、ぶらぶらして過ごしたりしてエネルギーを浪費していることがあまりにも多い。

022

能力開発の意外な報酬

最近、ある若い女性が余暇を利用して数カ国語を学び、大人向けの教室を個人的に開いて渡航費を稼ぎ、ヨーロッパ諸国を回って外国語の素養に磨きをかけたという記事を読んだ。

彼女が余暇を利用して能力開発に励んだことに対する報酬は単なるお金ではなく、かの地で新しい文化に触れて幅広い教養を身につけたことだった。

さらに、大学でフランス語とドイツ語とイタリア語を教えるようになったことも能力開発の報酬だった。

023

眠れる巨人になってはいけない

多くの人は自己啓発本や刺激的な記事を読んで自分の能力に目覚め、可能性を追求するようになる。そういう本や記事には計り知れない価値がある。

だが、それだけではない。意欲をかき立ててくれる一人の友人は、たわいのない雑談をする十人の友人の価値がある。

ただ、ほとんどの人は自分の能力に目覚めることも意欲をかき立てられることもなく、人生を無為に過ごしてしまう。だからなるべく若いうちに自分の可能性に気づいて、人生を最大限に活かすことが重要だ。

ほとんどの人は自分の可能性の大半を開発せずに死んでいく。自分の中に眠っている莫大な能力に気づかずにこの世を去る人が多いのは、とても惜しいことだ。

自分が気づいていないものを活用することはできない。そういう人はいたるところにいるが、彼らは自分の素晴らしい可能性に気づいていない眠れる巨人である。

024

自分を見くびらない

自分を見くびる習慣は、自信をなくす原因になる。そういう人はいつも遠慮がちに振る舞い、人目につかないように身を隠す。

本人は謙虚さの証しだと思っているかもしれないが、それは卑屈で弱気な態度であり、おそらく誰からも好まれない。人びとは自信たっぷりに振る舞う人を本能的に好むものだ。

ただし、自信たっぷりに振る舞うことと傲慢に振る舞うことはまったく違う。自信とは自分に対する健全な信念のことであり、傲慢さとは安っぽい虚栄心やつまらないプライドのなせるわざである。

025

明るい未来を手に入れる秘訣

昨今、大勢の人が若いときに夜間や休日に怠けて能力開発をせず、チャンスをつかみそこなったことを嘆いているのを見聞きする。未来の繁栄の土台をつくれたはずなのに、遊びほうけてしまい、幸せが手に入らないことを後悔している。好き放題をして、もう取り返しがつかないことを痛感している。いつか高齢になって貧困と後悔の日々を送るしかないことを恐れている。

たしかにそれは非常に残念なことだが、今からでも遅くはない。何歳になっても勇気、勤勉、進取の気性を尊び、余暇を利用して能力開発に励むことが、知恵を磨き、資産を築き、明るい未来を手に入れる秘訣である。

026

時間を上手に使う

イギリスの偉大な政治家グラッドストンはこう言っている。

「時間を上手に使えば、その後の人生で大きな夢を実現して、物心両面で莫大な利益を得ることができる。だが、時間を浪費してしまうと、まるで悪夢のように悲惨でうだつの上がらない人生を送るはめになる」

余暇をどう過ごすかが、平凡な出来ばえと偉大な功績の差となって現れる。それを若いころから理解していた利口な人たちは、他の人たちが愚かにも時間を浪費しているのを見ながら、自分は時間を上手に使って成果をあげた。

027

時間を浪費しない

どれほど大金を積まれても、自分の生命力を売る人はいないだろう。なぜなら生命力は人生を切り開く原動力だからだ。どんなことがあっても、誰もそれをないがしろにはしないはずである。

だが、成功をもたらす力を秘めている時間をありとあらゆる方法で浪費しているとき、自分がまさにそれをしていることに気づいているだろうか？　たとえば、だらだら過ごしたり、自尊心をそこなう無意味な娯楽にふけったりしていないだろうか？　翌日になると自己嫌悪に陥りかねない愚かな快楽にひたって時間を無駄にしていないだろうか？

自分の可能性を存分に発揮して成功を収めたいなら、時間の浪費を厳しく戒めなければならない。

028

わずかな時間を活用する

「時は金なり」という格言は誰でも知っているだろう。だが、この格言は誤解を生みやすい。なぜなら時間はお金よりもずっと貴重だからだ。時間は人生そのものであり、時間を浪費するたびに自分の寿命の一部を失っていることになるのである。

フランスの文豪ユゴーはこう言っている。

「人生はとても短いが、われわれは不用意にも時間を浪費して、それをさらに短くしている」

どの若者も人生の門出に際し、この金言を書いた紙を家や職場の目につきやすい場所に貼っておき、ほんの数分や数時間が持つ大きな可能性にいつも思いをはせるべきである。

職業人生の最初に「毎日を有効に活用する」と決意し、その決意をしっかり守るなら、素晴らしい人格者になり、人生全般で大成功を収めることは間違いない。

029

仕事に打ち込む

「本当ならもっと大きなことができるはずだ」とうぬぼれて自分の仕事を軽んじ、単に生計を立てるためにふだんいやいや働いているような人に、どんな大きなことができるだろうか。

どんな仕事でも一生懸命に打ち込むことによって、やがて大きなことができるようになるのである。

030

不平を言う暇があれば勉学に励む

若者たちから届く手紙には、学校や大学に行けなかったことを嘆く文章が書かれていることがよくある。

彼らは「毎日、生計を立てるために働かなければならず、教育を受ける機会がない」と主張する。だが、はたしてそうだろうか。世界の著名人の中には学校や大学に行かずに自分で努力して勉強した人たちが大勢いる。つまり、彼らは正式の学校教育をほとんど受けずに独学したのである。これが本当の意味での教育だ。

「学校教育を受ける機会がなかったので、有意義なことを成し遂げるチャンスがない」と不平を言う暇があるなら、フランクリンやリンカーンのように強い意志と時間の有効活用によって独学に励み、極貧から身を起こして大成功を収めた偉人たちの伝記や自伝を読んでみるといいだろう。

031

自分の最高の状態を見せる

いつも自分の気分をコントロールして幸せでいられるとはかぎらないが、いつも明るく振る舞うことはできる。

落胆して陰気な雰囲気をただよわせることは弱さの証しである。心配と不安に満ちた表情を浮かべることもそうだ。

暗く沈んだ雰囲気をただよわせることは罪悪である。私たちは常に明るく振る舞い、自分のいちばんいい状態を見せる義務を世の中に対して負っている。

032

一歩ずつ着実に歩む

どんな苦難に出くわしても屈するのではなく、
それを果敢に乗り越えると決意しているなら、何も恐れることはない。
平常心を保って一歩ずつ着実に歩めば、必ず目標を達成できる。

033

希望を持つ

どんなときでも希望を持とう。
希望は魔法の妙薬である。
今日、何事もうまくいかず、どれほど落ち込んでいても、
きっと明日はいいことがあると期待することほど、よく効く強壮剤はない。

034

困難を恐れない

困難は見せかけだけの臆病者にすぎない。
そのくせ、おびえている人を見ると、脅しをかける。
しかし、正面から立ち向かうと、困難はそそくさと退散する。

035

自分で誇りに思える人間になる

あなたは生涯にわたって自分と一緒に生きていかなければならない。

だから、いつも自分で誇りに思える人間であることが、あなたにとって最大の利益になる。

では、いつも自分で誇りに思える人間とはどのようなものだろうか？

それは常に正直で、純粋で、誠実で、高潔で、寛大な人間である。

036

明るく楽しい人になろう

すべての人は希望に満ちた明るく楽しい人を好きになる。他人の欠点をあげつらい、陰口を言う人は誰からも嫌われる。

気晴らしのために悪意に満ちたうわさ話に興じると、そのときは満足が得られるかもしれないが、一人になったときに自分の醜い性格のために苦しみ、人生を心から楽しめていないことに気づく。

037

人間の使命

人間にできる最も素晴らしいことは、自分に与えられたものを最大限に発揮することである。

他人が何をするか、何になるかはまったく関係がない。

あなたはいつも自分に何ができるかを考え、どうすれば可能なかぎり最も立派な人間になれるかを問うべきである。

038

人生という名の大理石

あなたは自分のことをどう思っているだろうか？

自分の可能性はどの程度だと推測しているだろうか？

理想としている人間像はどのようなものだろうか？

ふだんどんな希望を抱いて生きているだろうか？

それらの問いに対する答えは、未来を的確に予測する判断材料になる。

あなたは頭の中で抱いている自分のイメージに従い、たえず人生という名の大理石を刻みながら作品をつくっている彫刻家なのだ。

039

凡人でも功績をあげることができる

多くの人は功績をあげるには天才でなければならないと思い込み、自分には何の才能もないとあきらめている。

若者の意欲をかき立てようとしても、「私は凡人だし、学歴もないから、功績をあげるなんて無理だ」と言われる。

しかし実際のところ、人類の進歩に貢献した人たちの大半は天才ではなかった。

たとえば、ジョージ・スティーブンソンは天才ではなく、二十歳になっても読み書きができなかったが、蒸気機関車による公共鉄道の実用化に成功し、「鉄道の父」とたたえられている。生まれ故郷であるニューカッスルの古い橋は、平凡な能力の持ち主が非凡な功績をあげた記念碑になっている。

また、ジョン・ハーバードは将来性のない若者とみなされていたが、彼がのちに設立したハーバード大学は世界で最も権威のある学術機関のひとつとなっている。

040

自分の能力に目覚める

晩年、ハーバード大学の心理学者ウィリアム・ジェームズ教授は「人間は内に秘めている能力をもっと発揮すべきだ」という趣旨の記事を雑誌に投稿し、世間の注目を浴びた。

さらに、ジェームズ教授は「ほとんどの人はあるべき状態に比べたら、半分眠っているようなものだ」と主張している。

つまり、こういう希望にあふれたメッセージをきっかけに目覚めれば、どんな人でも現在の少なくとも二倍の能力を発揮できるということだ。

041

未来に希望を持つ

過去の愚かな行為や不幸な経験という幻影をいつまでも引きずって、現在を台無しにすることほど残念なことはない。

今まで失敗続きだったとしても、過去を忘れて新しく出発すれば、素晴らしいことができるはずである。

過去のつらい思い出を捨てて、希望に満ちた明るい人生を送ろう。

II

粘り強く努力する

042

あともう少し粘る

多くの人は成功のすぐ手前であきらめる。彼らは意気揚々と出発するが、目標を達成する直前にあっさりと断念してしまう。

多くの人は勤勉で正直で情熱的で学歴もあり、チャンスに恵まれているにもかかわらず、粘り強さが足りないので、まだ見ぬゴールの少し手前でレースから脱落するのである。

ベールがはがされ、じつはゴールが目前だったことに気づいたら、彼らはどんなに悔しがることだろうか。

苦しくなったときに、あとほんの少し粘り強さを発揮するかどうかが、成否を分けることを肝に銘じよう。

043

最後までやり遂げる

人生で何を成し遂げるにしても、才能よりも粘り強さが大切である。豊かな才能を持っているのに、粘り強さが足りないために人生の敗残者になってしまった人は数えきれない。

多くの人は粘り強さが足りないので、成功の近道を探そうとして膨大な時間と労力を無駄にしている。それだけ多くの時間と労力を仕事に打ち込むために活用していたなら、大きな成果をあげることができたはずなのに、それをしなかったのは非常に残念と言わざるを得ない。

一部の人は粘り強さを発揮して物事を成し遂げる。最後までやり遂げられる人はごくまれだが、彼らこそ真の成功者になる。

044

苦しいときでも笑みを浮かべる

すべてがうまくいかないときでも、楽観的な姿勢で笑みを浮かべよう。苦しいからといってみじめな気分にひたっているかぎり、状況は悪化するばかりである。

どんなに苦しいときでも笑みを浮かべることができる人は、人生の勝者になる資質を持っている。なぜならほとんどの人はそれができないからだ。

困難に直面しても楽観的な姿勢を貫けば、頭の働きが活発になり、苦境を切り抜ける知恵が得られる。

045

けっして負けない人の条件

打ちのめされても、くじけない人に敗北はない。
道を切り開く決意をしている人に敗北はない。
倒れるたびに素早く起き上がる人に敗北はない。
他の人たちがあきらめても、粘り強く努力する人に敗北はない。
誰もが引き返すときでも、ひたすら前進する人に敗北はない。

046

天才とはどんな人か

天才は世間をアッと言わせる能力を持っている。
人びとは天才を見て、生まれつき卓越した能力が備わっていたと考える。
だが、天才とは「粘り強い人」の別名にすぎない。
その人は誰も真似できないくらい粘り強く努力を積み重ねたのである。
怠け者たちが遊んでいるあいだ、その人は地道に何かに取り組んだのである。

047

逆境のときの身の処し方

逆境に見舞われると、愚か者は憤慨し、臆病者は悲嘆に暮れ、賢者は勇気と知恵を振り絞る。

人生における逆境は、航海における嵐のようなものだ。

それを切り抜けられるかどうかで、その人の真価が決まる。

048

与えられた時間で何ができるかを考える

アメリカの著名な評論家ハミルトン・メイビーはこう言っている。

「一流の人に共通する主な資質のひとつは、与えられた時間で自分に何ができるかをはっきりと理解していることだ」

一流の人は「まとまった時間があったらどんなことをしたいか」について思案しながら時間を浪費するのではなく、すぐに行動を起こして次々と成果をあげる。たとえ状況が苦しくても、逃げ道を考えず、知恵を絞って逆境を乗り越える。

049

自分への投資は莫大な利益をもたらす

時間がどんなにかぎられていて、日々の仕事がどんなにきつくても、頭を鍛えることはできる。だから、すき間時間に本を読んで勉強することによって自分を磨くべきである。そうすれば、教養が身につき、広い視野に立って物事を見ることができるようになる。

たとえば、鉄鋼王のアンドリュー・カーネギーはスコットランドからの貧しい移民で小学校しか出ていなかったが、すき間時間に本を読んで勉強することによって幅広い知識を身につけ、仕事で功績をあげて巨万の富を築いた。

蒸気機関車の改良に成功したジョージ・スティーブンソンはあらゆるすき間時間をまるで黄金のようにみなして活用し、非常に大きな成果をあげた。昼間は炭鉱夫として働きながら、仕事が終わったら夜間学校で読み書きと算数を学んだのである。

大きな功績をあげた人たちの生涯を調べると、寸暇を惜しんで勉学に励み、頭を鍛えていたことがわかる。自分への投資ほど莫大な利益をもたらすものはない。

050

一流の人と二流の人の違い

一流の人ほど時間を大切にする。彼らは、時間が人生を豊かにしてくれる貴重な資本だと考え、すき間時間を有効に活用して何をするかに人生がかかっていることを知っている。

一方、二流の人は時間を貴重な資本とはみなさず、夢をかなえるためにすべきことをしない。彼らはそんなことをするより娯楽に興じることを優先する。意志力がとても弱いので、欲望を抑えることができないのだ。彼らはお金を浪費するのと同様、時間を浪費しがちだが、多くの時間を無駄にしているとき、自分の将来性を台無しにしていることに気づかない。

豊かな未来を切り開きたいなら、「今日を有意義なものにする」と誓う必要がある。朝起きたときから夜寝るまで、一日の中で何度も「今日を有意義なものにするために時間を最大限に活用しよう」と自分に言い聞かせるべきだ。

051

人生の成功者になる

気分が乗るかどうかに関係なく、今日を素晴らしいものにするために時間を最大限に活用しよう。それを習慣にすると、人生全般で素晴らしい効果が得られる。人格が磨かれるだけでなく、経済的にも恩恵を受け、大きな変身を遂げることができる。

すべての時間は活用するか浪費するか、どちらかしかない。もし人びとがこの真実に目覚めれば、人生の失敗者は激減し、成功者が激増することだろう。

052

ふだんわずかな時間に何をするか

すべての人が一日に同じだけの時間を持ち、一年に同じだけの日を持っている。では、なぜ成功者と失敗者が生まれるのだろうか?

成功者と失敗者の主な違いは、時間と日々の使い方にある。

二人の若者が同じ環境で同じチャンスを与えられても、片方の若者は時間を有効に活用して富と名声を得るが、他方の若者は時間を浪費してしまうので資産を築くことができず、不本意な結果に終わる。

わずかな時間でも積み重なると膨大な時間になる。ふだんわずかな時間に何をするかが、人生を形づくっていく。そして、それがやがて大きな差となり、成功者と失敗者を生み出すのである。

053

仕事に精を出す

自分が正直であることを信じられない人は、本当の意味で幸せになることができない。正しいことをしていないと思うと、良心の呵責を感じて不幸な気持ちになり、自尊心をそこなってしまうからだ。

正しいことをしていると、自分を承認することができる。つまり、自分の承認欲求を満たせるから、幸せな気分にひたれるのである。

たとえば、素晴らしい仕事をしたあとでどんなに気分がよくなり、どんなに自尊心が高まったか、よく覚えているだろう。自分の能力を存分に発揮したとき、すがすがしい気分になったはずだ。

「時間がなかったから手を抜いた」と言い訳をする人が多いが、常に素晴らしい仕事をすることを習慣にすれば、仕事をやり遂げるたびに達成感と満足感が得られて気分よく生きていくことができる。

054

良書を読む

自宅に本棚を持つことは贅沢ではなく必須である。本のない家庭は窓のない建物のようなものだ。本があれば、気分が明るくなる。そういう家庭では子供は本に囲まれているうちに読書の習慣を身につける。そして、本を読みながら無意識に多くの知識を吸収するから、頭を鍛えることができる。

どの家庭も良書をたくさん収めた本棚を備えるべきだ。本棚に良書が並んでいると、手軽にいろいろなことを学べるし、お金をあまりかけずに知識が身につく。

本棚にある多くの良書の中から自分に役立ちそうな本を選ぶ能力を子供のころに養うことは、生涯にわたって役に立つ。

イェール大学のトワイニング・ハドリー学長はこう言っている。

「財界の名士たちが我が大学に求めている人材は、子供のころから家庭で良書を読んで知識を身につけた学生である」

III

人間関係を大切にする

055

愛される人

宝石はいつも美しい光を放ち、多くの人をひきつける。しかも、そうすることによって何も失わない。

慈愛に満ちた人もそれと似ている。いつも温かい言葉で相手を励まし、勇気と希望を与える人は、多くの人をひきつけ、そうすることによって何も失わない。それどころか、ますます魅力を増して人びとに敬愛される。

056

利他の心を養う

バラの香りよりも甘いのは、「あの人は思いやりにあふれた利他の心を持っている」という評判である。

利他の心とは、自分のことより他人の幸福を願い、全力を尽くして人びとを助けようという純粋で誠実な気持ちのことだ。

当然、見返りを求める必要はない。利他の心を持って善行を施すと、相手のためになるだけでなく、自分のためにもなるのだから。

057

太陽のように明るく振る舞う

いつも太陽のように明るく振る舞おう。

落ち込んでいる人に勇気を与えよう。

伸び悩んでいる人をほめて励まそう。

困っている人に優しく手を差し伸べよう。

頑張っている人にねぎらいの言葉をかけよう。

ふだんそれらのことが自然にできる人は、生涯にわたって多くの人に敬愛され、亡き後もなつかしく思い出される。

058

無理にでも明るく振る舞う

憎しみや敵意、怒り、嫉妬などのネガティブな感情を抱きそうになっても、愛と平和というポジティブな感情を抱き続けよう。

ネガティブな感情はゴミ同然だ。そんなものはすぐに捨てて、ポジティブな感情で自分の心を満たすことが大切である。

「今日、私は誰に対してもネガティブな感情を抱かない」と自分に言い聞かせよう。どんなに不快なことがあろうと、その決意を貫こう。無理にでも笑って歌えば、すぐに楽しい気持ちになることができる。

059

周囲の人に明るい顔を見せる

偉大な思想家ラルフ・ワルド・エマーソンの優しい笑顔は、彼を知っているすべての人をいつも魅了した。

『若草物語』の作者ルイーザ・オルコットはこう言っている。

「エマーソン氏の書斎が火事になったときのことです。急いで彼の自宅に駆けつけ、大切にしていた膨大な書物が消失したことにお悔やみを申し上げたところ、彼は明るい顔で『ルイーザ、気にする必要はない。美しい炎が燃え上がっているのをご覧なさい。今日はそれを見て楽しもう』と言いました。私はそのときの教訓をけっして忘れません。それ以来、大切なものを失ったときでも、周囲の人に明るい顔を見せることを心がけるようになりました」

060

人びとに奉仕する

人びとに奉仕することはきわめて有益である。それは成功の可能性を高め、人格を磨くことにつながる。人びとに奉仕するためには、利己心を抑え、相手の気持ちを察し、常に礼儀正しさを心がけなければならない。これが人間関係を円滑にし、幸せを手に入れる秘訣である。

人びとは自分の好きな人を応援しようとするので、温かい人柄で誰からも好かれれば、仕事でもプライベートでもうまくいく。たとえば商売人の場合、景気がどんなに悪くても、感じのいい人なら顧客がひっきりなしに押し寄せるから、冷たい人と比べると商売はずっと繁盛する。

結局、自分のことばかり考えている人は誰からもそっぽを向かれるということだ。利他の心を持っていて魅力的でない人に私は出会ったことがない。利他の心を持って人びとに奉仕すれば、おのずと人望が集まる。

061

第一印象をよくする

不注意で無作法な人は、自分が与えた悪い第一印象を取り消すために膨大な時間を使うはめになる。彼らは傲慢な言動の後始末をするために謝罪したり説明したりするのに躍起になるが、謝罪や説明はめったに効果がない。なぜならどんなに努力しても、第一印象は相手の脳裏に焼きついていつまでも残り、それを取り消すのは至難のわざだからだ。

誰でもそうだが、とくにこれから社会に出て活躍しようとする若者は、自分が与える第一印象に細心の注意を払う必要がある。信用を確立するうえで、悪い第一印象は致命傷になりかねず、下手をすると、その後遺症にずっと悩まされるおそれがある。

062

人を励ますことの力

偉大な思想家ラルフ・ワルド・エマーソンはこう言っている。

「私たちが人生で最も必要としているのは、自分に秘められた可能性に気づかせてくれる人である。もしそういう人がそばにいてくれるなら、おそらく誰でも偉業を成し遂げることができるだろう」

この言葉は真実だ。

親や教師、友人に励ましてもらったことが、人生の転機になったという人はたくさんいるに違いない。実際、ごく普通の子供が、親や教師、友人から、自分でも気づかなかった可能性を指摘され、未来への希望を与えてもらった。そして、そのおかげで「やればできる」という自信を得て、その後の人生で偉業を成し遂げた。

063

他人をほめて励ます

日常のさまざまなことに不平を漏らす人は、周囲の人の心に暗い影を落とすだけで、何の役にも立たない。そういう人は他人をほめたり励ましたりすることを拒み、いつもネガティブな言葉を発して他人の心の平和を乱すはた迷惑な存在だ。

彼らは、物事がうまくいかないと、あら探しをし、非難し、叱責することが状況を改善する唯一の方法だと思い込んでいる。しかし、それは火に油を注いで鎮火しようとするのと同じくらい愚かである。

064

他人のよいところを見つける

人間には奇妙な習性があり、他人のよいところを無視して、皮肉を言うことに快感を覚える傾向がある。

他人のよいところを見ようとせず、あら探しをして相手をけなす癖を持っている人は、誰の周りにもいるに違いない。そういう器の小さい人は他人がほめられているのが気に食わず、悪意を持ってその人を貶めようとする。

他人をけなす習慣は弱さの証しであり、劣等感と嫉妬心のあらわれである。器の大きな人は他人の成功に嫉妬せず、他人を素直にほめることができる。他人をけなすと自分の醜さをさらすばかりで、相手に軽蔑されるだけである。

065

礼儀正しさを心がける

優秀なビジネスマンが自分の成功の秘訣を客観的に分析して、その大半が礼儀正しさにあることを発見すると、さぞかし驚くに違いない。

どんなに職業訓練を積んで高い能力を身につけても、礼儀正しさが欠けていると、大きな成功を収めることはできない。なぜなら、どれほど有能な人物でも、傲慢で無礼な態度をとると顧客や取引先から嫌われ、いつも不利な立場に立たされるからだ。

人びとは成功者を見ると「運のいい人だ」などと言うが、その中身をよく調べると、たいてい礼儀正しさが主な要因であり、そういう人には人びとの心をつかむ魅力があることが多い。

とくに、人びとを喜ばせようという純粋な思いが不可欠だ。実際、大勢の人に敬愛されている一流の政治家や弁護士、医者には、そういう資質が必ず備わっている。

066

誰に対しても敬意を払う

カッとなったときに最もみっともないのは、理性を失って自分をコントロールできず、人前で醜態をさらすことだ。ふだん恥ずかしくて人には見せられない「内なる狂人」が暴れ出すと、取り返しがつかないくらい大きな顰蹙《ひんしゅく》を買うことになる。

考えてみよう。どんなに挑発されても、特定の人の前では怒りをあらわにしないように自分をコントロールするはずだ。たとえば大切なレセプションやディナーパーティーで人目をはばからずに怒りをぶちまける人はいないだろう。つまり、どんなに腹が立っても、その気になれば、たやすく怒りを抑えられるということだ。

他人に怒りをぶちまけるのは、自分が相手よりも偉いと勘違いしている証拠である。たとえば、上司が部下に、客が店員に怒鳴り散らすのがそうだ。

しかし、どんな相手に対しても敬意を払うようにすれば、人前で醜態をさらさずに済むし、あとで後悔したり謝罪したりする必要もない。

067

寛容の精神を養う

寛容の精神は魂の偉大さの証しである。一方、嫉妬したり、他人の功績を否定したりすることは、ひねくれた性格のあらわれである。

ライバルを貶めようとしたり、称賛に値するのに意地悪く黙っていたりするのは、自分のけち臭さを世間に露呈しているようなものだ。本当に広い心の持ち主は、敵に対してですら寛大で慈悲深い態度をとる。

他人を批判しているとき、自分のありのままの姿を映し出している。狭量で意地の悪い人間は、他人の中に狭量で意地の悪さを見る。素晴らしい性格の持ち主は、他人の中に素晴らしさを見る。

068

挑発されても平常心を保つ

ほんの少し挑発されただけで顔を真っ赤にして腹を立てている人は、高い地位に就くだけの価値がない。不幸なことに、それは自分の弱さや愚かさをさらすことになり、みっともないだけである。

それとは対照的に、どんなに挑発されても平常心を保てるだけの度量があるなら、尊敬に値する立派な人物であり、人びとの役に立って素晴らしいことを成し遂げる力を持っている。

069

些細な落ち度には目をつぶる

あまりにも多くの人が他人の些細な落ち度に腹を立てて膨大なエネルギーを浪費しているのが現状だ。しかし、浪費してもいいエネルギーはないはずである。

人生を最大限に楽しみたいなら、他人の些細な落ち度には目をつぶるべきだ。たとえば、料理の味付けがどうのとか給仕係の態度がどうのといったことに、いちいち文句を言う必要がどこにあるだろうか。そんなことに憤慨していたら、人生が味気なくなるだけだ。

他人の些細な落ち度を問題視して大騒ぎするのは愚かだが、不幸なことに、大勢の人がそういう悪い習慣に陥っている。

些細なことに目くじらを立てるには人生はあまりにも短い。この戒めを肝に銘じて、大らかな気持ちで生きていこう。

070

他人を批判しない

争いごとに発展しやすい不快で有害な習慣は、相手のあら探しをし、揚げ足をとり、たえず批判することだ。相手を事あるごとにけなして、いいところをほめようとしないのは、寛容の精神に欠ける狭量な人間性の証しである。

他人の欠点に気づいても批判を控えて、常に長所をほめる決意をしよう。他人の欠点をあげつらうのは、それ自体が致命的な欠点である。そういう人は他人と調和して生きることができないので、けっして幸せを手に入れることができない。他人の欠点をあげつらう習慣は、やがて自分の人生を崩壊させることになる。

071

人前で腹を立てない

腹を立てている少年が鏡の前に立たされ、自分のみっともない姿を見てショックを受け、すぐに冷静さを取り戻す様子を目撃したことがある。

大人も自分が腹を立てているときに鏡の前に立ってみるといい。どんなにみっともないか、すぐにわかる。

だが、問題はそれだけでは済まない。本当に重大な問題は、人前で腹を立てることによって、自分の醜さが人目にさらされて大恥をかき、自分の評判を貶め、自分の自尊心を台無しにしてしまうことだ。

072

友情をはぐくむ最高の方法

ある人は「あんな気難しい人たちとどうやってうまくやっているのか？」と聞かれ、「それはとても簡単だ。一人ひとりの長所を見つけて最大限に引き出し、欠点には注意を払わないようにすればいい」と答えた。

いろいろな人たちとの友情をはぐくむうえで、これほど単純明快で効果抜群の方法はないだろう。

073

友人に恵まれたいなら

友人に恵まれたいなら、相手をひきつけて称賛されるような資質をはぐくまなければならない。ケチで意地が悪くて利己的な性格は誰からも称賛されない。あなたは利他の心を養い、寛容の精神を持つ必要がある。

ポジティブな資質は友情をはぐくむうえで不可欠だ。優柔不断で決断力のない性格や陰気で引っ込み思案の性格は誰からも称賛されない。

自分を信じて勇猛果敢に前進する人は多くの人から称賛されるが、小心者や臆病者は誰からも称賛されない。

明るくて楽天的で常に希望にあふれている人は友人に恵まれるが、いつも暗くて悲観的な人に魅力を感じる人はいない。

相手のために尽くそうという誠実な気持ちがあるなら友人に恵まれるが、相手を自分の利益のために利用しようという魂胆があるなら友人には恵まれない。

074

勇気を出して本心を打ち明ける

友人を本当に大切に思っているなら、素直な気持ちで「君はとても素晴らしい人だから大好きだ」と言おう。

相手を心から愛しているなら、誠実な気持ちで「君はたいへん素敵な人だから大好きだ」と言おう。

誰かと過ごしていると心地よく感じるなら、純粋な気持ちで「君と一緒にいるとすごく楽しい」と言おう。

元手がいらないのに、なぜ人びとは本心を打ち明けるのをためらうのだろうか。

勇気を出して言ってみれば、その言葉は美しい調べのようにいつまでも相手の心に残るに違いない。

075

癇癪を起こさない

すぐれた能力を持つ多くの人がうだつの上がらない人生を送っている理由のひとつは、イライラしたときに癇癪《かんしゃく》を起こすからだ。カッとなると取り乱して人前で醜態をさらし、それまで何年もかけて築き上げた信用を一瞬にして失うのである。

ある人は責任のある地位に就くために約二十年間にわたって努力を積み重ねた。その地位は家族に大きな恩恵をもたらすはずだったが、自分をコントロールできずに癇癪を起こし、それまでの努力がたった五分で水の泡になった。

別のある人はバイタリティーにあふれ、しかも卓越した能力を持っていたので、財界の名士たちから推薦状をもらって役職に就く予定だったが、ある会合で癇癪を起こして顰蹙を買い、せっかくのチャンスをふいにしてしまった。

癇癪を起こすのは、泥酔してスキャンダルを起こすのとほぼ同じくらい愚かである。彫刻家が何年もかけて大理石の像をつくり、腹を立ててそれをぶち壊すようなものだ。

076

相手の話に耳を傾ける

会話の達人になるには、上手に話すだけではなく、相手の話に耳を傾けることも重要である。つまり、心を開いて相手を受け入れるということだ。

私たちはたいてい聞くことが下手である。相手がまだ話しているのに、多くの人はイライラして話をさえぎり、自分が話し始める。相手の話に耳を傾けられないのは、話し手に対する敬意が欠けている証しだ。

相手の話に耳を傾けられない理由のひとつは、自分のことばかり考えて、相手に共感していないからである。利己的なあまり、相手の関心事に注意を払おうとしないのだ。

ある聡明な女性はほとんど話さなかったが、相手の話に耳を傾けることによって会話の達人という評判を得た。彼女はいつも親愛の情にあふれ、内気な人の相談相手になり、その人たちを癒していた。人びとは他の人には言えないことでも、彼女の前なら安心して話をした。

IV

引き寄せの法則を活用する

077

引き寄せの法則

引き寄せの法則とは、「似たものは似たものを引き寄せる」という普遍的真実のことである。すべての思いは、それと似たものを引き寄せる。成功と繁栄を思い浮かべれば、いずれ成功と繁栄を引き寄せることができるが、失敗と貧困を思い浮かべれば、いずれ失敗と貧困を引き寄せるおそれがある。

ただし、思いが現実になるには時間が多少かかるから、自分の思いがそれにふさわしい現実を引き寄せたことに気づきにくい。

また、成功と繁栄をたえず思い浮かべても、疑念が少しでも混じっていると、望んでいることは現実になりにくく、望んでいないことが現実になる可能性が高い。

これは健康と病気の関係についても当てはまる。たとえ健康を思い浮かべても、自分はいつか病気になるのではないかという不安が無意識の中に少しでもあると、いずれ本当に病気になるおそれがある。

078

不幸な思いが不幸な現実をつくり出す

すべての人は社会に貢献するという崇高な使命を持って生まれている。しかし、大多数の人は人生で不利な立場に立たされていると思い込んでいるので、失敗することを予想してしまい、勝利を収めるのは不可能だと考えているのが現状だ。

周囲を見渡して、人生で勝利を収めている人がかなり少ないことがわかると、彼らは「どうせ自分も無理だから、挑戦しても意味がない」と考えて、あきらめる。自分の失敗を確信しているかぎり、その思い込みに見合った行動をとるので、必ず失敗する。皮肉なことに、人生で不利な立場に立たされているという思い込みが、その人を不利な立場に追いやってしまうのである。

079

思考が人生を形づくる

いつも自分は幸運な人間だと考えていると、実際にそうなることができる。いつも自分は不運な人間だと考えていると、実際にそうなるおそれがある。

ふだん考えていることは信念となり、やがてそういう現実をつくり出す。思考はよくも悪くも人生を形づくるのだ。ポジティブな思考は建設的だが、ネガティブな思考は破壊的である。

だから、うまくいかないことについて不平を言うのではなく、生きているだけで幸運なのだと考えよう。そうすれば、おのずと感謝の気持ちが芽生えるし、人生に対して前向きな姿勢を貫くことができる。

多くの人は、世の中が過酷であり、失敗続きの人生を送ることになると考えているようだが、そういう信念は負の作用をもたらし、度重なる失敗につながる。

080

想像力を正しく使う

想像力には二種類ある。健全な想像力と病的な想像力だ。太古の昔から現在にいたるまで、前者は人類を幸せにし、後者は人類を不幸にしてきた。

健全な想像力は人生を豊かにする素晴らしい力を持っているが、病的な想像力は人生を破滅させる忌まわしい力を持っている。とはいえ、それをよく理解している人はほとんどいないのが実情だ。

病的な想像力はちょっとしたきっかけで始まるのかもしれない。しかし、人間にとって、これほど大きな災いをもたらすものはほかにない。

081

ビジョンを思い描く

就寝前に少し時間をとって一人になり、静かに座って自分のビジョンを思い描こう。このエクササイズを軽んじてはいけない。聖書にあるとおり、ビジョンなき者は滅びるのである。

自分のビジョンをできるだけ鮮明に思い描くことは、それを現実にするうえで非常に大きな役割を果たす。これはけっして絵空事ではない。

082

口癖の力

繁栄を手に入れたいと思っている人が「いつもついていない」と口癖のように言っているなら、繁栄を手に入れられるだろうか？

ふだん「失敗ばかりで人生がうまくいかない」とつぶやいているなら、成功と幸福を手に入れることができるだろうか？

成功と幸福を手に入れたいなら、失敗と不幸のイメージを完全に払拭しよう。そして、常に成功と幸福のイメージを思い描こう。

不安と恐怖と疑念に満ちたネガティブな口癖は、無数の人の精神を蝕み、成功と幸福を手に入れる可能性を台無しにしてきた。

083

いつも「できる」と言う

いつも不機嫌そうな顔でぶつぶつ言い、自分の運の悪さや恵まれない境遇を嘆いているなら、今のあなたが置かれている状況を見て、うらやましく思う人がいることに気づこう。

自分の仕事や境遇、友人について不平を言う癖があるなら、それらを称賛して、その変化がどのように状況を好転させるか試してみよう。

強くてポジティブな人はネガティブな話し方や考え方をしない。彼らは「できない」とは言わず、いつも「できる」と言う。自信を持って「できる」と言い、そのために努力するから、必ずできるようになる。

「できない」という言葉は自分を見くびるネガティブな表現であり、他の何よりも多くの人の人生を台無しにしてきた。

084

成功と繁栄を手に入れる方法

人間の思考は力を持っている。もしそのネガティブな力に翻弄されると、貧困まみれで失敗続きの人生になる。

しかし、その一方で、もしそのポジティブな力を活用すれば、困難な環境を有利な環境に変えることができる。どんなことがあっても成功すると決意すれば、望んでいるものを得て成功を収めることができる。思考が持つポジティブな力によって、成功を引き寄せる磁石のようになるからだ。

085

貧困と失敗の原因

たいていの場合、貧困と失敗は自分自身が招いたものだ。心の中でたえず災難を恐れていると、それはたいてい自分に降りかかってくる。

心配と不安は脳の力を衰えさせ、創造性と生産性を抑圧する。失敗の恐怖や自分の能力に対する自信の欠如が、失敗の主な原因だ。

すぐれた能力を持つ人が不本意な結果しか得られず、完全な失敗者になるケースが多々ある。その原因は、心の中で自分の能力に限界を設定し、それを超えられないと思い込んでしまうことだ。彼らは自分の力を過小評価し、「どうせ失敗するに決まっている」と考える傾向がある。平凡な結果しかめざさないことによって、自分の成功の可能性を押しつぶしてしまうのである。

086

笑顔は幸運を引き寄せる

心のこもった笑顔はありとあらゆる素晴らしいものを引き寄せる力を持っている。愛情や友情といった好意だけでなく、お金を引き寄せることもできる。

つまり、心のこもった笑顔は、幸運を引き寄せるということだ。

笑顔を見せない人は商売をすべきではないという格言がある。笑顔を見せないなら、人びとの好意が得られず、事業が破綻しかねないからだ。

087

成功は努力の結果

成功はひたすら努力を積み重ねた結果である。近道をしようとしても成功は手に入らない。それはあまりにも安易な態度である。度重なる挫折を乗り越えて、人格を磨きながら一歩ずつ前進し、成功に近づいていくしかない。

088

病は気から

自分が病気で衰弱しているという思いを一瞬たりとも抱いてはいけない。
そんな思いを抱くと、実際にそういう状況を体験することになる。
心身に関するネガティブな思いは、心身を徐々に蝕んでいくのである。

089

人間の大敵

恐怖、疑念、失望、心配は、まるでいつも一緒につるんでいる不良仲間のようなものだ。それらは同じ目的のために暗躍する。

その目的とは、人びとの活力を奪い、意欲をくじき、道に迷わせることだ。

恐怖、疑念、失望、心配は、人間の進歩を阻み、能力の発揮を妨げ、幸せを壊し、希望を失わせ、成功の可能性を台無しにする大敵である。

090

貧困と病苦を引き寄せない方法

「貧困と病苦はとても嫌だ。どちらもすごく怖いから心配で仕方がない。自分は永久に貧困から抜け出せないし、遅かれ早かれ病気になるだろう。裕福になれるはずがないし、いつまでも健康でいられるはずもない」

こういうネガティブな思いをたえず抱いているなら、いずれ恐れているとおりになる。なぜなら人間はふだん考えているものになるからだ。

091

欠乏意識と豊かさ意識

いつも未来を恐れて、不吉なことが待ち受けていると思っているなら、まさにそういう現実を引き寄せてしまう。

しかも、それだけではない。

そういう暗い人生観を持っていると、生きることの喜びと幸せを完全に失ってしまう。

いくら一生懸命に働いても、欠乏意識にさいなまれているかぎり、豊かさは手に入らない。

だが、そんな人でも豊かさ意識を持つように努めれば、状況はすぐに好転する。豊かさ意識とは、この世の中は誰に対しても恵み深く、物心両面で豊かな暮らしを送るチャンスはいくらでもあるという希望に満ちた心の持ち方のことだ。

092

暗闇ではなく灯りを探そう

相手のよい点を探すことは、相手の悪い点を探すのと同じくらい簡単である。物事の明るい面を見ることは、物事の暗い面を見るのと同じくらい簡単である。太陽に顔を向けることは、日陰に顔を向けるのと同じくらい簡単である。

それが満足と不満、幸福と不幸、繁栄と貧困、成功と失敗の違いである。

ならば暗闇ではなく灯りを探そうではないか。明るいこと、楽しいこと、元気が出ることに意識を向けようではないか。

093

考え方を変えれば、人生が変わる

楽観主義は、希望にあふれ、喜びをもたらし、生命を躍動させるポジティブな力である。一方、悲観主義は、絶望に打ちひしがれ、悲しみをもたらし、生命を衰弱させるネガティブな力だ。

悲観主義に陥っているかぎり、いつまでも失敗者である。貧困と縁を切りたいなら、生産的で創造的になり、自信に満ちた前向きで明るい考え方を心がけよう。考え方を変えれば、人生を変えることができる。

ある家族は考え方を変えて幸せで豊かな暮らしを手に入れた。それまで度重なる失敗に落胆し、陰気な家で暮らしていたが、妻が「考え方を変えれば人生が変わる」という記事を読み、明るく陽気に振る舞う決意をした。夫と子供もそれを見習い、悲観主義から楽観主義に切り替えると、一家には次々と幸運が舞い込むようになった。夫はいつも身なりを整え、全力で仕事に取り組んで昇進を果たした。子供はとても素直になり、成績はみるみる上がった。家は内も外もきれいに改装された。

094

楽観主義の効用

楽観主義とは、自分を信じて物事がうまくいくことを期待することである。

一方、悲観主義とは、自分を信じることができず、物事がうまくいかないと思い込むことだ。悲観主義は健康をそこない、精神を崩壊させ、事業を破綻させかねない。

楽観的になろう。悲観的になっても何の得にもならない。楽観的になると、世の中が違ってみえてくるはずだ。

ただし、楽観的になるといっても、ずっと怠けたままで物事がおのずとうまくいくことを期待するという意味ではない。楽観的になれば、未来への希望があふれて励みになるから、怠けるどころか、さらに成果をあげようとして、より一層の努力をしたくなるものだ。

095

大きな収穫を得たいなら

私たちが仕事やプライベートで小さな結果しか得られないのは、ふだん他人を励ましたり助けたりして寛容の精神を発揮していないからだ。もっと手に入れたいなら、もっと与えなければならない。他人を勇気づけたり力を貸したりしない人は、結果的に自分の成長を阻んでしまうのである。

物心両面で大きな収穫を得たいなら、寛容の精神を発揮し、自分にできることをすることによって人びとに与えるべきだ。

096

種まきと収穫

明日の収穫は今日の種まきの結果である。今この瞬間に良質の種をまかなければ、将来、豊かな収穫を得ることはできない。

今日、勇気を奮い、精を出してよい仕事をしなければ、明日、よい結果を得ることはけっしてできない。

健全な野心を持ち、時間を無駄にしないという決意があれば、努力を積み重ねることによって大成功をおさめ、大きな夢を現実にすることができる。

なぜなら、世の中は時間を有効に活用する人にありとあらゆるチャンスを与えるからだ。時間の中には莫大な資産が隠されているが、それがわかる人にしか見抜くことができない。

097

すべての人の神聖な義務

聖書の中に「人間は心の中で思っているとおりの存在になる」という有名な格言がある。自分の能力を最大限に発揮したいなら、なりたい自分ではない姿を思い浮かべてはいけない。自分の姿を思い浮かべるときは、素晴らしい資質をすべてあわせ持った立派な人物をイメージしよう。

自分を可能なかぎり最高の水準に維持することは、すべての人に課せられた神聖な義務である。自分を低劣な水準に貶めることは、すべての人にとって罪悪である。すぐれた能力を持っているのに平凡なことしかできない人はたくさんいる。彼らは心の中で能力を存分に発揮できない状況に自分を追いやっているのである。

098

ポジティブな言葉を声に出して唱える

ポジティブな言葉を声に出して唱える力は、計り知れないくらい大きい。それは弱点を補い、人格を磨き、可能性に満ちた素晴らしい人生をつくるのに役立つ。

次の言葉を声に出して唱えよう。

・「私はさらに立派な人間になるために努める」
・「私はできると確信し、必ず目標を達成する」
・「私は逆境に見舞われても、それを乗り越える」
・「私は社会の役に立って人びとに奉仕する」
・「私は自由と真実を希求し、人びとの幸福に貢献する」
・「私はいつも人びとを励まし、勇気と希望を与える」

099

明るい表情で景気をよくする

不景気のさなか、ある商人が経営する店の商品が売れ残り、店員たちが落胆して暗い顔で立ちすくんでいた。

ある日、その商人が店内の雑用をしていたとき、大きな鏡に映っている自分の顔を見て愕然とした。

「私は自分の顔つきを見て驚きました。お客さんが来ないのも無理はありません。店員たちも自分と同じように陰気な顔をしているので、お客さんを追い払ってしまい、ますます売上が落ちていたのです。そこで、店員たちを集めて元気の出る話をし、明るい顔で接客をするように指示したところ、売上はみるみる改善しました」

あなたは自分がふだん暗い表情を見せているせいで、どれだけ多くの友人や取引先を遠ざけているか気づいているだろうか？

100

健全な野心を持つ

利己的で強欲な思いが幸せをもたらすことは、あざみの種が小麦を生み出すのと同じくらい不可能である。

しかし、利他的で親切な思いの種をまくなら、実り豊かな収穫を得ることができる。

利己心と本当の幸せは両立しない。それらは互いに反発し合うからだ。

他人を押しのけてでも成功しようという陰険な野心は、ますます利己心を助長し、本人の幸せを蝕んでいく。

他人を出し抜いてでも金儲けをしようという下劣な野心は、ますます性格を悪くし、周囲から嫌われて本人の幸せを台無しにする。

強欲な思いに支配されているかぎり、心の平和や人生の満足感は得られず、他者への愛情ははぐくまれない。

101

憎しみ、嫉妬心、復讐心を克服する方法

多くの人は憎しみ、嫉妬心、復讐心を克服しようと躍起になるが、それはなかなかうまくいかない。

憎しみ、嫉妬心、復讐心を抱くのは、邪悪な思いで心が毒されている証しである。そこで、それらのネガティブな感情を愛というポジティブな感情で中和することが必要になる。ちょうど酸を中和するのにアルカリが必要になるのと同じ原理だ。

自分が憎んでいる相手、嫉妬している相手、復讐しようとしている相手を愛そう。憎しみ、嫉妬心、復讐心は不純な思いであり、それは愛という純粋な思いによってのみ中和できる。

純粋な思いと不純な思いは両立しない。純粋な思いで常に心を満たせば、不純な思いが芽生える余地はなく、いつも穏やかな気持ちで生きていくことができる。

102

不平を言わない

「自分は貧しいし、いつも失敗ばかりして、本当についてない」と不平を言うたびに、問題の種をまき、成功と幸福の難敵を意識の中に深く植え付けている。

思考はそれに似たものを引き寄せる磁石のようなものだ。いつも貧困と病気を思い浮かべていると、貧困と病気を引き寄せることになる。ふだん考えていることとは正反対のものを引き寄せることは不可能である。

「事業がうまくいかない」とたえず不平を言っているなら、事業はうまくいかない。どんなに頑張っても、思考が失敗の恐怖で満ちているかぎり、努力が台無しになり、成功を収めることはできないのである。

103

楽観主義者と悲観主義者

暗くて絶望に満ちた角度からではなく、明るく希望に満ちた角度から自信を持って物事を建設的に眺める習慣は、楽観主義者の証しであり、自分の人生だけでなく、究極的には世の中をよりよくすることができる。

楽観主義は太陽の光のようなものだ。それによって植物がすくすくと育つように、私たちも明るく強く大きく成長することができる。

一方、悲観主義はまるで陰気な暗闇のようなものだ。それは活力をどんどん奪い、成長を阻害する。

いつも物事の暗い面や悪い面を見ている人や不幸な出来事を予想する人には、いずれ厳罰がくだることになる。そういう悲観的な人たちはネガティブな人生観にふさわしいものを引き寄せてしまうのである。

V

人生を楽しむ

104

幸せの秘訣

幸せの秘訣は、いつも満ち足りた明るい気持ちで毎日を過ごすことである。

心が貧しい人は不満だらけであり、心が豊かな人は自分の持っているものに満足し、他人の持っているものに嫉妬しない。

105

今ここで楽しむ

幸せになる唯一の方法は、人生を楽しむ小さな機会をそのつど活用することだ。より多くのお金がたまるまでとか、よりよい地位を手に入れるまで楽しみを延期すると、人生を存分に楽しめなくなる。

人生で最大の悲劇のひとつは、楽しみを延期することである。多くの人が人生の終わりに最も後悔するのは、日々の暮らしを楽しむのを延期したことだ。

何年も奴隷のように働き、人生を楽しむ機会を活用せず、たまに劇場やコンサートに行ったり行楽地で遊んだり文化的活動をしたりするのを後回しにし、お金を貯めることに執着している若者があまりにも多いのは残念なことである。

晩年になって資産を築いてから外国旅行やその他の贅沢な楽しみを経験するのはいいが、若さと情熱にあふれているときから人生を大いに楽しむほうが楽しくて豊かな暮らしができる。

106

笑いの効用

数年前、アラバマ州の農夫が肺の病気にかかり、医者から死を宣告されたが、「まだ死ぬわけにはいかない」と思った。しばらく病床に伏していたが、やがて起き上がり、よく笑うようになった。すると、そのうちかなり頑健な体になった。彼は「たえず笑わなかったら死んでいただろう」と言っている。

大勢の人が笑いの効用によって、病んだ肉体を癒やした。いつも明るく笑って過ごしているうちに健康を取り戻した。心配したり不平を言ったりすると、そのたびに不愉快な気分になって健康をそこなうことに気づいたからだ。

心配事や不平不満は健康の大敵である。それを撲滅するには健全な笑いが欠かせない。

107

明るく振る舞うことの意義

何があろうと落ち込まず、自分の身に起きることを最もいい方法で受け止めよう。そうすれば、いつも幸せな気分で明るく振る舞うことができる。すべての人にとって、それは責務であり、それをしないことは罪悪である。

オックスフォード大学とケンブリッジ大学で講義をしたイギリスの銀行家、政治家、生物学者、考古学者のジョン・ラボック博士は、明るく振る舞うことの意義をこう表現している。

「私たちはいつもできるだけ明るく振る舞うべきだ。自分が幸せな気分で明るく振る舞えば、他の人たちの幸せに大きく貢献できる」

108

たえず笑みを浮かべる

どんなに苦しくても、笑みを浮かべよう。
それはあなたが背負っている重荷を軽くする。
世の中は自分を映し出す鏡だから、笑みを浮かべれば、笑顔に出合える。
しかし、いつもしかめ面をしていれば、いつもしかめ面ににらまれる。

109

物事の明るい面を見る

不幸なことに、多くの人は笑う力を失っている。だからいったん落ち込むと、しばらく立ち直れない。そういう人にとって、笑うことは軟弱さの証しであり、不真面目な態度なのだ。

だが、笑うことは軟弱さの証しでも不真面目な態度でもない。

笑う力を取り戻そう。

小説家のリディア・マリア・チャイルドはよくこう言っていた。

「私はいつも明るい気分で笑って過ごしたいので、窓辺にプリズムを置いて部屋の中を虹で満たすようにしている」

これは素晴らしい発想だ。物事の明るい面を見て、たえず笑うことは、貴重な精神的財産だと言える。心身の健康を増進するうえで、明るい気分で過ごすことは魔法の妙薬である。

110

人間の最大の幻想

人間が抱きうる最大の幻想は、人生の最もいい時期に金儲けのために全力をそそぎ、家庭をかえりみず、友情を犠牲にし、それ以外にも価値のあるものを追求せず、お金さえ手に入れば、最終的に幸せが見つかると勘違いしてしまうことである。

111

幸せな暮らしを日々の責務にする

多くの人は経済的に豊かな生活を送り、できれば資産を築きたいと思っている。しかし、彼らは日々の暮らしを楽しむことを忘れがちである。

ふだん奴隷のように働き、たまに休日を楽しめばいいという考え方は完全に間違っている。毎日、喜びにあふれた暮らしをすることが大切だ。

仕事ばかりして金儲けに奔走するあまり、幸せに暮らすことを日々の責務にしようと考える人がこんなにも少ないのは奇妙なことではないだろうか。

112

働くことの喜びを得る

健全なすべての人は心の中に、「何らかのかたちで社会の役に立つ人間になりたい」という強い願望を秘めている。

だから、どんな怠け者でも、頑張って働かないことが自然の摂理に反していて、働くことで得られる神聖な報酬をみずから拒んでいることを痛感している。

金持ちの家に生まれて働こうとしない怠け者でも、社会の一員としての義務を果たしていないことが間違いであり、頑張って働いていないので道徳的に腐敗していることを自覚してはいるのだ。

113

精を出して働く

最近、ある裕福な若者に「なぜ働かないのか？」と尋ねたところ、「働く必要がないからだ」という答えが返ってきた。

だが、働く必要がないから働かないという選択は、他のどんな要因よりも多くの怠け者を破滅に追いやってきた。

元気に働けるあいだは精を出して働くことが自然の摂理であり、神から与えられた救いなのだ。そして、それは人間が劣化するのを防ぐ唯一の方法でもある。

自分が望む分野で活動することは人間にとって正常なことであり、それから逃げようとすると、人間としての劣化と能力の衰退というかたちで罰則を科される。

労働を通じて社会の役に立たなくても幸せになれると思ってはいけない。人間は社会の役に立って初めて幸せになれる。ここを間違ってしまうことは致命的であると言わざるを得ない。

114

人間の最高の幸福とは

怠け癖がついている人が幸せになることは、ほぼ不可能である。人間の最高の幸福は、自分が本来すべきこと、すなわち個性を活かして人生の大いなる目的を果たすために努力することによってもたらされる。働くというかたちで活動していないなら、人生の目的を果たすことができない。

有意義な活動をすることによってもたらされる刺激ほど充実感が得られるものはない。日々の仕事を全力でやり遂げることほど達成感が得られるものはない。自分の力で何らかの価値を社会にもたらすことほど満足感が得られるものはない。

本来、人間は何らかのことをするために生まれてきた。それ以外のことで幸福は得られない。自分が仕事を通じて人間的に向上していることほど大きな喜びが得られるものはない。

115

ありふれた経験に喜びを見いだす

ふだんの生活の中で些細なことを楽しむ技術を身につけている人はわずかしかいない。だが、人生で最も大切なのは、そういう些細な楽しみなのである。

ほとんどの人は今この瞬間を楽しまず、いつも何かを期待して生きている。もう少しお金がたまったら、もう少し大きな家が手に入ったら、もう少し安楽な生活ができたら、もう少し自由になれたら、人生が楽しくなるだろう、という考え方で生きている人があまりにも多いのが現状だ。

日常の何気ないありふれた経験に喜びを見いだそう。そういう習慣を身につけることが、幸せを手に入れる技術なのだ。

116

幸せを手に入れる唯一の方法

元気で働けるのに怠けるばかりで、他人の労働に頼って生活し、それに対して何も還元しない者は幸せにはなれない。正しい生き方の原理から外れているかぎり、本当の喜びは得られないのだ。

幸せを手に入れる唯一の方法は、誠実な気持ちで社会の役に立つ生き方をすることである。それ以外の生き方では人間は幸せになれない。

仕事に全力を尽くして正直に生き、他人に喜びをもたらし、人びとの暮らしを少しでもよくするお手伝いをしたいという純粋な動機があるなら、本当の幸せを手に入れることができる。

117

幸せの条件

自分の動機や行為を恥じている者は幸せにはなれない。復讐心、嫉妬心、羨望、憎悪を胸の内に秘めている者も幸せにはなれない。

清らかな心を持ち、良識に従って行動しなければ、どれだけたくさんのお金を得ても、人間は幸せになることはできない。

118

物質的な豊かさだけでは幸せになれない

利己的な金持ちを悩ませてきた問題のひとつは、期待していた幸せを見つけられなかったことである。資産を築いた人たちにとって最大の失望は、大金が期待どおりの幸せをもたらさなかったことだ。どんなに贅沢な暮らしをしても、物質的な豊かさだけでは愛情ははぐくめないし、心がすさんでしまうのである。

お金があれば多くのことができるのは事実だが、心の飢餓を満たすことはできない。たとえ宮殿のような豪邸に住んでいても、幸せに飢えるあまり、贅沢な暮らしを捨てて善良な人の愛情と交換したいと思っている人は世の中にどれくらいいるだろうか。たとえその相手が無一文でも、本当の愛情が得られるなら、そのほうがいいと思っている人は少なくない。

119

利己的な人は幸せになれない

最近、一代で巨万の富を築いた人と知り合った。しかし、彼は「大金を得ても幸せを感じない」と打ち明けた。「友人が少ししかおらず、自分が避けられているようで、近所の人からも好かれていない」と言った。幸せを手に入れるために必死で頑張ってきたのに、なぜ幸せになれないのか理解できない様子だった。

問題は、彼がいつも自分のことばかり考えていたことだった。利己的であるつもりはなかったが、年がら年中金儲けに全力をそそいできた。お金さえ得られれば、望んでいるものはすべて手に入ると信じていたのだ。彼はいつも自分にどんな利益があるかを基準にして友人を選んできた。

120

成功する人の条件

イギリスの司祭でケンブリッジ大学の教授をつとめたチャールズ・キングズリーは、こう言っている。

「人生で成功している人たちはいつも明るくて希望にあふれ、笑みを浮かべて仕事に取り組み、どんなにつらいことでも楽しいことと同じように立ち向かってチャンスを活かす」

明るい人は悲観的な人にはない創造力に富んでいる。明るくて希望にあふれた楽天的な資質は、人生を楽しく豊かにする。同じ知能を持っているなら、明るくて愉快な人は、暗くて不愉快な人よりもずっと大きな力を発揮できる。

快活な性格は頭脳の働きをよくする。不安や心配を消し去って前向きに考えることができるからだ。

121

快活な性格の効用

A・J・サンダーソン医師はこう言っている。

「病気を治して健康管理をすることに関しては、快活な性格がとくに大きな要因になる。その素晴らしい働きは薬物療法のように人工的な刺激ではないから副作用がなく、全身のすべての部位に生命力を吹き込む力を持っている。快活な性格は、目を輝かせ、肌につやを与え、足どりを軽くし、血行をよくして細胞に十分な酸素を与え、病気を快癒させて健康を増進することができる」

快活な性格はそれくらい大きな恩恵をもたらすのである。

122

明るさは繁栄をもたらす

一般に、成功するのは、いつも明るくて希望にあふれた楽観的な人であり、失敗したり平凡な結果に終わったりするのは、常に暗くて失望しやすい悲観的な人である。

いつも明るく過ごす習慣は、災いに見えることでも恩恵に変えることができる。

明るさが取り柄だという人は、社会の役に立つ人である。逆境に見舞われても平常心を保ち、勇気を奮って困難なことをやり遂げる力を持っているからだ。

明るさに勝る成功哲学はない。明るさが持っている健全な力は、その人だけでなく周囲の人も元気にする。常に希望にあふれた快活な性格はたいへん建設的で、人生を切り開く大きな力を持っている。

123

明るい人は優位に立てる

どんなに明るい人でも、世の中には暗い側面があることを知っている。しかし、努めて物事の明るい側面を見ることを習慣にしている人は、何事についてもよいことを見ようとしない陰気な人よりも圧倒的に優位に立つことができる。

シェイクスピアはこう言っている。

「快活な性格の人は一日中活動しても元気はつらつとしているが、陰気な性格の人はすぐに疲れて弱音を吐く」

124

付き合う相手を厳選する

誰とでも分け隔てなく接するべきだが、付き合うことに関しては誰とでもいうのではなく、相手をよく選ぶことが大切である。なぜなら付き合う相手はあなたの人生を大きく左右するからだ。

あなたを理解してくれる人、信じてくれる人、能力を引き出してくれる人と付き合おう。そういう人と付き合うかどうかで、人生に天と地くらいの差が生じる。

健全な野心を持って素晴らしいことを成し遂げようとしている人や、有意義な目標に向かって情熱を燃やしている人と付き合おう。意欲は人から人へと伝染する。あなたは相手の意欲に刺激され、自分も大きなことに挑戦しようと決意するはずだ。

どんなに怠け者で安易な道を選びたがる人でも、健全な野心を持った友人がたえず励ましてくれれば、いつしか感化されて何かを成し遂げようと思うようになる。友人の影響力はそれくらい大きい。

125

義務を先延ばしにしない

面倒な義務を先延ばしにする習慣は、心労の原因になり、多くの不幸を生み出してきた。この習慣のせいで、速やかに義務を遂行する喜びが失われてきたのは言うまでもない。

ほとんどの課題はすぐに取りかかれば、予想していたよりも簡単にやり遂げることができる。しかもたいていの場合、それによって得られる充実感は、それをするときに経験する困難を補って余りある。

126

過去を引きずらない

機会を失ったことや人生を無為に過ごしたことを思い悩んでも気が滅入るだけで、何の役にも立たない。過去がどうであれ、それについてはさっさと忘れよう。

過去が現在に影を落とし、抑うつの原因になっているなら、できるだけ早く気持ちを切り替えるべきだ。暗い過去の思い出を記憶にとどめるべき理由はひとつもなく、それを葬り去って二度と振り返るべきではない理由は無数にある。

誰もが過去に愚かな行いや不幸な経験をしているものだが、いつまでも過去の亡霊を引きずっていても意味がない。そんな後ろ向きの生き方をすると、現在が台無しになるだけだ。

多くの人は自分の運命を呪い、不運を嘆いているが、最大の敵は自分自身である。彼らは人生に絶望して悲観主義に陥り、無意識のうちに陰うつな雰囲気をただよわせ、夢も希望もない暗い現実をつくり出している。こんな状況で人生が好転するのを期待するのは、毒草の種をまいて美しいユリの花が咲くのを期待するようなものだ。

VI

信念を持つ

127

信念を持つ

信念は奇跡を起こす素晴らしい力を持っている。

揺るぎのない信念があれば、心の中で設定していた限界を超えて、不可能だと思っていた目標を達成することができる。

128

信念の偉大な力

世の中に足跡を残した人たちは、光明が見えないときでも信念の偉大な力を活用し、苦難にあふれた道を歩んで目的地にたどりついた。信念の偉大な力は、暗闇の中を突き進む原動力となる。

信念の偉大な力を活用すれば、無限の可能性の扉が開く。なぜなら不安、迷い、疑念という人間の大敵を粉砕できるからだ。信念の偉大な力は、進歩を阻むすべての苦難を取り除くことができる。

信念の偉大な力を活用することが自己実現を可能にする。

129

自分を信じる

火事やその他の異常事態が発生すると、人間は通常では考えられない力を発揮する。私たちはその驚異的な力をふだん自覚していないのだ。これは何を意味しているのだろうか。

自分の力を信じ、自分の可能性に目覚めることが、心の中で設定している限界を突破する秘訣である。

ハーバード大学の卒業生が「いくら頑張っても少ししか稼げない」と嘆いていた。プリンストン大学の卒業生が「努力しているのに収入が増えない」と自分を哀れんでいた。彼らはあまりにも臆病で自信がないのだ。

多くの人が抱えている大きな問題は、自分を信じていないことである。自分の中に眠っている力に気づいていないのだ。

人間は臆病な奴隷として生きるのではなく、征服者として堂々と生きるべきである。自分を過小評価することは罪悪と言わざるを得ない。

130

言い訳をしない

多くの人は自分の失敗を正当化するために「運が悪いからだ」と言い訳をし、「いくら努力しても結果が出ない」と嘆く。そして、「しょせん自分はそういう運命なのだ」と考えて、あきらめてしまう。

しかし、人間は自分の境遇を変える力を持っている。その秘訣は、訓練を積んで技能を伸ばし、チャンスをつかむ準備をすることだ。そして、いったんチャンスをつかんだら、苦しくても近道を探そうとせず、最後までしっかりやり遂げることである。

131

成功の秘訣

運がめぐってくるのを待つのではなく、積極的に行動を起こす者が運をつかむ。

あるときミネソタ州のジョンソン知事が成功の秘訣を尋ねられて、「目的を果たすために全力を尽くした」と答えた。

多くの成功者を調べてみるとわかるが、度重なる逆境に見舞われても、目的を果たすために全力を尽くす人が運をつかむのである。

ジョンソン知事は貧困から身を起こし、不幸な境遇を乗り越えて成功した人物だ。彼はふだん、「運が悪い」とか「チャンスがない」という言い訳をいっさい口にせず、けっして不平を言わなかった。

132

自分を信じている人に道は開ける

驚くべきことに、強い決意を抱いている人には道が開け、自分を信じている人には苦難が道をゆずる。

自分にはできないと思っている人には何もできない。それとは対照的に、自分を信じている人を敗退させることはできない。そういう人には貧困も不幸も苦難も大きな問題ではない。

心の中でたえず自分をけなして失敗者のように振る舞い、行く手を阻む困難について不平を言い、自滅への道をひた走っている人を信頼し、期待を寄せる人がいるだろうか。

失敗者の大半は、自分をみくびり、自分の能力を疑うことによって人生の戦いに負けるようになった。自分の弱さを認めるたびに自信を失い、成功の土台を破壊していった。自分をみくびり、失意に打ちのめされているかぎり、成功者への道を歩むことはできない。

133

求められる人材の共通点

何カ月も仕事を探している人たちを知っているが、彼らは面接官の前で弱々しい態度をとり、自信のなさをあらわにする。戦いが始まる前から負けている証しだ。

仕事をくださいと頼んでも、面接官はあなたの卑屈な態度を見ると哀れみしか感じず、けっして採用しようとは思わない。自分を信頼していない臆病者は、誰からも信頼されないのだ。

ふだんからそうだが、とくに面接官の前では自信満々に振る舞う必要がある。といっても傲慢に振る舞うという意味ではなく、しっかり仕事をやり遂げられる自信があるという信念を持つという意味だ。

情熱を燃やして明るくエネルギッシュに協調しながら働く姿勢を見せれば、喜んで採用してもらえるし、実際に仕事をして成果をあげることができる。

134

どんなときでも自信を失わない

自分のせいではない貧困を恥じる必要はない。病気になったり事故にあったりして貧困に陥っている人たちには敬意を払うべきだし、一定の配慮が必要だ。

恥ずかしいのは、自分の境遇を改善するために全力を尽くそうとせず、いつも怠けている場合である。だらだらして過ごしたり、ギャンブルをしたり、いい加減な仕事をしたりしているために貧困に陥っているなら由々しい問題だ。「貧しい者にはチャンスがない」と不平を言っていても、状況はよくならないし、そんなことを考えているうちに自信をなくしてしまう。

貧困から身を起こして活躍している人はたくさんいる。彼らは自分の境遇を改善するために努力を積み重ねた。

もし今、貧困に陥って絶望しているなら、自信を失ってはいけない。自信を失うと体力が減退し、頭の働きが鈍くなり、貧困を克服するのに必要な資質を発揮できなくなる。

135

自信は道を切り開くカギである

最近、イェール大学を数年前に卒業した若者と知り合った。彼は非常に体格がよく、すこぶる健康そうに見えたが、「あまりにも貧しくて、父親に仕送りをしてもらわないと飢え死にする」と言った。

この若者は自分の能力に自信がなく、けっして成功しないと思い込んでいるのだろう。だから頑張って仕事に取り組もうとせず、職を転々として貧しい生活を送っているのである。

幸運を引き寄せたいなら、自分の能力を疑う気持ちを捨てなければならない。そういう気持ちがあるかぎり、仕事をしても成果をあげることができず、自分を破滅に追い込むことになる。

自信は道を切り開くための魔法のカギである。いつも自信なさげにうつむいてネガティブなことを考えていると、道は閉ざされてしまう。

136

自分を徹底的に信じる

自分を見くびることほど、多くの人を押しとどめている要因はない。彼らは「自分はこんなものだ」と思い込んで、自分に限界を設定しているのだ。

不幸なことに、「自分はできない」と思い込んでいる人を後押ししてくれる力は、この世に存在しない。自分で設定している限界を超えることはほぼ不可能なのだ。

自分を信じることは、人間にとって最も難しいことのひとつである。自分を信じることができて初めて無限の可能性を追求することができる。

若者にひとつだけアドバイスをするなら、「自分を徹底的に信じなさい」と言いたい。そして、自分の力を覚醒させて努力を積み重ねれば、素晴らしい人間になれるだけでなく、どんな困難も乗り越えて成功と幸福が手に入る。

137

無限の可能性を信じる

疑念、恐怖、臆病は人間の可能性を押しつぶす。その結果、本来なら素晴らしいことができるのに、平凡なことしかできなくなる。

しかし、もし自分の無限の可能性を心から信じるなら、飛躍的な進歩を遂げることができる。

138

迷わない

ドイツの文豪ゲーテはこう言っている。

「ふたつの選択肢に直面して、いつもどうすればいいか悩んでいる人ほど哀れなものはない」

すべての重要な決断は他の選択肢を捨てることを意味するが、どちらにするか迷えば迷うほど身動きがとれなくなる。

すぐに決断をくだし、その決定をすぐに実行するように訓練している人は、優柔不断な人より圧倒的に有利である。後者があらゆる角度から問題を再検討し、なかなか決断できずに膨大な時間と労力を浪費するのに対し、前者はすんなり決断するから時間と労力を浪費せずに済む。

決断力のある人は、迷ったあげくに行動を起こさないより、ときにはミスをするほうがいいことを知っている。自分の決断が最善の判断の結果であり、いったん決断をくだしたら、さっさと別の課題に移る。これが物事を次々と成し遂げる秘訣である。決断力のある人はそうやって常に頭をすっきりした状態に保つのだ。

139

優柔不断な性格は周囲に迷惑をかける

優柔不断な人は周囲に悪影響をおよぼす。そういう性格は伝染するからだ。じつに厄介な伝染病だと言っても過言ではない。いつも迷っている人を見て、周囲の人は困惑し、どうしていいかわからなくなるからだ。

優柔不断な人は何をしても中途半端である。たとえば、作業に取り組んでも途中で考え込んで、最後までやり遂げない。いつもああでもない、こうでもないと悩むばかりで、結局、何がしたいのか、周囲の人にはさっぱりわからないのだ。

優柔不断な性格を直す方法は、不安を克服してすぐに決断をくだす訓練をすることである。再検討するのではなく、間違ってもいいと腹をくくって、失敗を恐れずに決めてしまおう。そもそも優柔不断であること自体が失敗なのだから、早く決めたほうが自分にとっても周囲の人にとっても好ましい。

140

よいリーダーの条件

リーダーシップを発揮するうえで最も致命的な習慣は、自分の決定について思い悩んで時間と労力を浪費し、行動を起こす前に疲れてしまうことである。

どんなに頭がいいつもりでも、いつも優柔不断に陥りがちなら、けっしてよいリーダーにはなれない。

優柔不断に陥りがちなら、意志力を鍛える訓練で性格を直そう。毎朝、何かを選んで、その日のうちに必ずそれをやり遂げると決意するのだ。必要な情報を収集し、最善の判断をして、いったん決めたら、迷うことなくその課題に取りかかろう。再検討したくなる誘惑に屈してはいけない。

優柔不断な性格は多くの人を人生の失敗者にしてきた。

141

人類の進歩の原動力

貧困から抜け出すために奮闘することが、人間を鍛えてきた。もしすべての人が恵まれた境遇に生まれてきて、奮闘する必要がなかったなら、原始時代がまだ続いていることだろう。人間が貧困から抜け出そうとたえず奮闘してきたおかげで文明が発達してきたのである。

心から欲するものを手に入れようとするとき、私たちは最善の仕事をする努力をするようにできている。その必要性がなければ、最大限に努力することはまずない。

自分の境遇を改善しようという必要性にかられて初めて、私たちは大きな進歩を遂げてきた。裕福な境遇から出発して失敗した人が後を絶たない一方で、貧しい境遇を乗り越えるために歯を食いしばって頑張ったことが成功の原動力になった例はいくらでもある。

142

試練が人格を鍛える

裕福な境遇に生まれ育ち、周囲の人にいつも頼りきりで、食べていくために必死で頑張る必要がなかった若者が、強靭な精神力を身につけたことはめったにない。彼らは森の中の貧弱な苗木のような存在だ。どんぐりが嵐を乗り越えて少しずつ巨大で頑丈な樫の木に成長するのとは対照的である。

試練を乗り越えなければ、人間はいつまでたっても半人前である。人格の強さは、乗り越えた試練から生まれる。人生は厳しいトレーニングジムのようなものだ。他の人たちが運動器具で筋肉を鍛えているのを自分だけ座って高みの見物をするわけにはいかない。

143

貧困の価値

ある有名な画家が「あなたの下で修業している若者は偉大な画家になれるか？」と尋ねられ、「彼はすでに多くの収入を得ているから、偉大な画家になるのは無理だ」と答えた。

困難を乗り越えることが大きな力を発揮する原動力になるから、裕福な暮らしをしていると、そういう力を発揮できない。この画家はそれを知っていたのだ。

貧困が素晴らしいと主張するつもりはない。貧困はけっして価値のあるものではないからだ。ただ、出発点としては有利に働く。貧困は人間を鍛える機会になるが、それ自体は災厄であり、正直に働いてそこから抜け出すために頑張るという点においてのみ価値がある。

144

自信と勇気を持って道を切り開く

イギリスの哲学者ジェームズ・アレンはこう言っている。
「思慮の浅い怠け者は物事の全体を見ようとせずに結果だけで判断し、すぐに運のせいにしたがる。たとえば、誰かが金持ちになると『よほど運がよかったのだろう』と言い、誰かが名声を得ると『大きな幸運にめぐまれたに違いない』などと言う。彼らはその人たちがどれだけ強い信念を持ち、どれだけ努力をし、どれだけ試練を乗り越えてきたかに思いをはせようとはしない」

幸運が訪れるのを待っていても、道を切り開くことはできない。そんなことをするのではなく、輝かしい未来を思い浮かべ、自分が素晴らしい人物になるという信念を持ち、自信と勇気を持って道を切り開こう。

VII

幸運をつかむ

145

幸運にめぐまれる人の特徴

人間が抱く最も不幸な幻想のひとつは、祈りをささげることによって何らかの神秘的な力が働き、努力しなくても安楽な暮らしができると思ってしまうことである。

しかし、どこからともなく幸運がめぐってくるという幻想を抱いて怠けていると、人間はやがて破滅しやすい。

幸運は、良識を持って正しい判断をし、健全な野心を抱き、固い決意をし、猛烈な努力をして初めて訪れる。ふだん何もせずに自堕落な暮らしをしている人のところに幸運が訪れることはけっしてない。

146

幸運の女神を逃さない

幸運の女神はすべての人のもとに訪れる。

しかし、せっかく訪れても、すぐにもてなしてくれないことに気づくと、幸運の女神はさっさと立ち去ってしまう。

つまり、ふだんからしっかり準備をしておき、チャンスが到来したと思ったら、それを逃さないように、すぐに行動を起こせ、ということだ。

古代ローマの格言にあるとおり、幸運の女神は前髪しかなく、後頭部は禿げていることを肝に銘じよう。

147

心配性の解毒剤

すぐれた資質を持っている人が不安そうな表情を浮かべて、昨日、今日、明日のことについて、ありとあらゆることを心配しているのは非常に哀れな光景だ。

多くの人は失敗に対する恐怖、病気に対する恐怖、貧困に対する恐怖、事故に対する恐怖、世間の批判に対する恐怖におびえているのが実情である。

不幸なことに、人間は生まれてから死ぬまで、想像上の恐怖に取りつかれている生き物だと言える。たえず何かにおびえている人間は、想像上の恐怖によって動かされている操り人形のようなものだ。

起こらないかもしれないことを恐れる必要はない。勇気と希望と自信で心を満たそう。それが心配性を治す解毒剤だ。

148

心配事は能力を低下させる

心配事はエネルギーを浪費し、バイタリティーを失わせ、能力を低下させる。だから心配事をしていると、いい仕事ができない。

心配事でいっぱいの頭では明晰かつ論理的に考えることができない。脳細胞が心配事で毒されているときは、それが純粋な血液で満たされて活性化しているときのように集中力を発揮できないからだ。

心配事の最悪の形態のひとつは、失敗について思い悩むことである。それは意欲をくじき、目標を遠ざける。

多くの人は過去の失敗について思い悩む不幸な習慣に陥っているため、物事の暗い面しか見えなくなっているのが現状だ。そういう習慣が長引けば長引くほど、それを改めることが難しくなる。

149

心配性を治す方法

些細な心配事にこだわるあまり、恐怖におびえて、まだ若いのに老け込んでいる人をよく見かける。実際、心配性のために家庭を不幸に陥れている人が後を絶たない。

ある心配性の人が自分の身に起こりうる不幸な出来事をすべて書き出したが、その紙を紛失した。数年後、たまたまその紙を見つけて内容を読んでみると、驚いたことに、どれも現実になっていなかった。

これは心配性の人にとって朗報である。起こりうる不幸な出来事を書き出して、そのリストを保管し、しばらくしてその内容を検証してみよう。現実になっていることがわずかしかないので驚くに違いない。

150

心配している暇があるなら努力せよ

現実になりそうもないことを心配するのをやめたら、どれだけ気分がよくなり、どれだけ顔のしわが減り、どれだけ足取りが軽くなり、どれだけ頭の働きがよくなることだろうか。

いつも心配しながら恐怖におびえているなら、少し立ち止まって、自分のしていることをよく考えてみよう。そんな無益なことをしている自分の愚かさが恥ずかしくなるに違いない。

次の質問を自分に投げかけよう。

「ふだんつまらない心配をして自分の貴重な創造力を使い果たしているのは有意義なことだろうか？　そんな精神的拷問に耐えるよりも、明晰な頭脳と的確な判断力を積極的に活用して価値のあるものを生み出したほうがいいのではないだろうか？」

151

幸せの秘訣

偉大な国王と幼い王子の伝説を紹介しよう。王子は好きなものをなんでも与えてもらったが、少しも幸せではなく、いつも不機嫌そうな表情を浮かべていた。

ある日、魔術師が宮殿にやってきて「王子を幸せにする方法がある」と告げると、国王は身を乗り出して、「それができるなら、なんでも与えよう」と言った。

そこで魔術師は王子を個室に呼び、白い紙に何やら書いて手渡し、暗い部屋に行って、その紙をロウソクの明かりで読み、指示を実行するように言った。王子が言われたとおりロウソクでその紙を照らすと、青白い光りを放ち、「毎日、心を込めて親切な行為をせよ」という文字が浮かび上がった。王子がその指示を実行したところ、国中で最も幸せな少年になった。

つまり、人の役に立たなければ、本当に幸せにはなれないし、常に誠実な気持ちで人びとに奉仕しなければ、本当に成功したとは言えないということだ。

152

想像力の正しい使い方

想像力を間違って使うと、人間の最大の敵になりかねない。自分が誰かに利用されたり中傷されたりしていると想像しているなら、不幸な人生を歩むことになる。そういう人は常に世間の悪意にさらされていると思い込んでいるが、実際には被害妄想である。被害妄想はたえず本人の心をかき乱し、不安に陥れ、自滅を招く。

想像力の正しい使い方とは、想像力を健全な方法で使うことだ。まず、誰もあなたに悪意を抱いていないことを覚えておこう。そうすれば被害妄想に陥らずに済み、心が病むことなく健全で幸せな人生を歩むことができる。

153

悲観的な経営者の末路

悲観的に考える習慣は誰にとってもよくないが、とくに会社の経営者にとっては致命的である。なぜならそれはたちまち周囲の人に伝染するからだ。

経営者がふだん悲観的に考える習慣に陥っていると、従業員や取引先の信頼を失ってしまう。悲観主義者の下で働きたい人や悲観主義者と取引をしたい人は、どこにもいないからだ。人びとは暗くて陰気で悲観的な雰囲気を嫌い、明るくて陽気で楽観的な雰囲気の中で成果をあげるために力量を発揮する。

悲観的に考える経営者は、楽観的に考える経営者よりも圧倒的に不利である。事業の発展に欠かせないポジティブで創造的な考え方ができなくなるからだ。

154

失敗への恐れが失敗を招く

心配の最悪の形態は、失敗するのではないかと思い悩むことである。それは意欲をくじき、目標を遠ざけ、その人を敗北させる。

しかも不幸なことに、失敗するのではないかという思いは、その人が最も恐れている事態を引き寄せてしまう。つまり、心配性の人はみずからのネガティブな思いによって墓穴を掘りやすいのである。

155

恐怖心を捨てる

恐怖心は人生を破綻させる致命的な感情である。それは自信をなくさせ、意欲をくじき、成果を阻害し、病気を引き起こし、幸せを台無しにする。

恐怖心によい点はひとつもない。それは悪いことだらけである。心身の活力を低下させ、成功を遠ざけ、失敗から立ち直る力を奪い、老化を促進するからだ。

恐怖心から生まれる最悪の感情のひとつが疑念である。疑念とは、自分の能力を疑う気持ちのことだ。

シェイクスピアはこう言っている。

「心の中に芽生える疑念は厄介者であり、挑戦を恐れるあまり、やってみれば手に入るかもしれない素晴らしいものを遠ざけてしまう」

156

大きな夢を持つ

「砂上に楼閣を築く」という表現がある。崩れやすい砂の上にいくら立派な建物を建てても無駄だという意味だ。

しかし、私たちは何かを成し遂げるとき、まず意識の中で「城」を詳細に思い描き、それから実際に基礎を築くのである。

だから大いに夢を持とう。

夢を持つことは、願望を現実にするための創造的な作業だ。何かを築き上げるには、まず頭の中で計画を立てて、その計画にもとづいて綿密に実行する必要がある。

偉大なことを成し遂げた人たちはみな、夢を持っていた。そして、その夢を現実にするために一生懸命に努力した。

現実になっていないからといって、夢をあきらめてはいけない。そのビジョンを全力で追求しよう。意欲をかき立てる本を読み、何かを成し遂げた人と付き合い、成功の秘訣を学ぼう。

157

創造的に、建設的に、楽観的に考える

資産を築く意欲を持っているのに、いつまでたっても貧しいままだと予想し、願望を実現する能力を疑うなら、西に向かって東に到着しようとするようなものだ。

自分の能力をいつも疑い、みずから失敗を引き寄せている人の成功を後押しできる哲学はない。成功したいなら成功を確信し、常に創造的に、建設的に、そしてとりわけ楽観的に考える必要がある。

158

着眼点を変える

雷は大昔から人類に恐怖を与えてきた。人びとはそれが神の怒りであり、何かの祟りだと信じ、祈ったり生贄《いけにえ》をささげたりしてきた。

だが、その正体が電気であることを実験によって証明したのは、万能の天才ベンジャミン・フランクリンだった。彼はその実験をもとに避雷針を発明した。

人びとはフランクリンの実験まで雷が何であるかがわからず、数百万年にわたって正体不明の怪物におびえてきたが、彼が避雷針を発明したおかげで、人類は落雷の恐怖から救われたのである。

つまり、雷のように誰でも見えるし聞こえる日常的な現象でも、着眼点さえ正しければ、誰も思いつかなかった画期的な発明につながり、社会に大きく貢献できるということだ。

159

チャンスは全力でつかめ

人生は潮の満ち干に似ている。
潮が満ちてきたときに波に乗れば、成功を収めることができる。
しかし、潮が引いたら浅瀬に乗り上げて悲惨な目にあう。
成功をめざしているなら、潮が満ちてきたときに波に乗らなければならない。
同じチャンスは二度と訪れないから、全力でそれをつかむべきである。

160

事業が破綻する原因

事業には常に失敗の危険がついて回る。ちょうど船旅に沈没の危険がついて回るのと同じである。実際のところ、事業を立ち上げた人たちの大半が失敗する。

なぜ意気揚々と立ち上げた事業が倒産という悲惨な結果に終わるのだろうか？

その原因を列挙しよう。当たり前のことだが、見落としがちなことばかりだ。

途中で自信をなくすこと。使命感を失うこと。請求書の支払いが遅れるなど些細に見えるミスで信用をなくすこと。判断ミスを犯すこと。細部をおろそかにすること。古いやり方にこだわって競争に負けること。魅力的な新商品を発売しないこと。営業が下手なこと。不正直な取引をすること。手っ取り早くお金を儲けようとすること。思い切った改革を断行せず、一時しのぎの解決策に頼って手遅れになること。やる気のない従業員を雇用し続けて顧客を失うこと。道徳的な腐敗が組織に蔓延して徐々に事業を破綻させること。悲観的な考え方をして事業の発展を妨げること。粘り強さを発揮せず、挫折を乗り越えようとしないこと。

161

幸せの法則

自分の行いを恥じているなら幸せになれない。また、復讐心や嫉妬心、憎しみを抱いているなら幸せになれない。

一点の曇りもない澄んだ心を持たなければ、いくらお金を手に入れても、本当の意味で幸せにはなれない。

いかなる逆境に見舞われようと、正しいことをしているという確信があるなら、幸せな気分にひたることができる。

162

倹約の精神を貫く

倹約は資産形成の王道である。このことわざはうんざりするほど何度も聞かされてきたかもしれないが、それがことわざになっているのは真実だからだ。

億万長者の実業家フィリップ・アーマーは「自分が成功したのは、母親から教えられた倹約の精神を貫いたからだ」と言っている。

倹約の精神とは、何かにつけてケチケチすることではなく無駄遣いを戒めることだ。若いときから倹約の精神を貫けば、高齢になってお金に困らずに済む。

現代文明の最大の問題は、人びとの虚栄心を煽って浪費を奨励していることだ。

鉄鋼王のアンドリュー・カーネギーは「倹約の精神を貫くことは、どの習慣よりも価値があり、資産形成と人格形成の両方に役立つ」と言っている。

また、万能の天才と呼ばれたベンジャミン・フランクリンは、「若いときから倹約の精神を貫くことは賢者の証しであり、経済的自由を手に入れることにつながる」と言っている。

163

自助努力は最高の資本

常に全力を尽くして、あらゆる機会を利用し、立派な人物になって世の中のために素晴らしいことをしたいと決意しているという評判が立つことは、その人にとって大きな追い風になる。人びとは怠け者を軽蔑し、いつも頑張っている人の力になろうとする。人びとは喜んでそういう人にチャンスをもたらす。そのような支援は何かを始めるうえで最高の資本になる。

164

体を動かして働く

健康な体を持っているのに目的もなく怠けているなら幸せになれない、と私は思う。人間がいつも怠けているのは不自然だからだ。人間は体を動かして活発に働くようにできているのである。

幸せは自分の身体的能力を活用することによってもたらされる。活用しない身体的機能は衰えやすい。だから休養をとっているときは別として、怠けていると、身体的機能が衰えてしまう。

よくありがちな悲しい生き方のひとつは、人生の目的をとくに持たず、あてもなく暮らすことで、そういう人が大勢いるのが現状だ。彼らは快楽を追求するのだが、満たされずに失望している。

いくらお金があっても、怠けて暮らしていると幸せにはなれない。したがって、本当に幸せになりたいなら、怠けるのではなく、体を活発に動かして何かを成し遂げることが必要であり、そうすることによって充実した日々を過ごすことができる。

165

人との出会いが人生を変える

中年になっても能力を存分に発揮していない人はどこにでもいる。彼らは常に休眠状態にあり、そのために素晴らしい可能性が無駄になっている。

しかし、勇気がわいてくる本を読んだり、有益な講義を聴いたり、励ましてくれる人に出会ったりすると、それまで休眠状態にあった人が突然目を覚まし、急に人が変わったように活動し始めることがある。

とくに人との出会いは、人生の分かれ目になることが多い。いつもあなたを信じ、励まし、ほめてくれる人と出会うか、あなたをみくびり、希望を打ち砕き、冷や水を浴びせる人と出会うかで、その後の人生は大きく違ってくる。

166

人間は環境の産物である

どんなにすぐれた素質を持って生まれてきても、人間は環境の影響を強く受ける。素晴らしい才能を持っていても、野蛮な人たちによって残酷な環境で育てられると、その子供は野蛮な状態にとどまってしまう。

上流家庭に生まれたが、何らかの事情で幼いときに捨てられ、オオカミに育てられたという話がある。すると、その子供はオオカミの特徴を受け継いでしまう。たとえば、オオカミのように四つん這いになり、オオカミのように遠吠えをし、オオカミのような食べ方をするのだ。

私たちはよくも悪くも周囲の人を見て、その例にならって生きる。誰かと出会って影響を受けると、その後の人生は同じではなく、何らかの点で人生の軌道が違ってくる。

167

揺るぎない自信を持つ

揺るぎない自信を持っていたことが、ベンジャミン・ディズレーリの成功の秘訣だった。彼はイタリアからイギリスに渡ってきたユダヤ系移民の子孫である。

当初、ディズレーリは激しいユダヤ人差別を受け、議会でもさんざん野次られたが、「今に見ていろ」の精神でついに首相にまで登り詰め、罵声と嘲笑を声援と拍手に変えた。

小さな島国であるイギリスが世界に冠たる大英帝国として飛躍的な発展を遂げたのは、ひとつにはディズレーリの功績であり、彼はそれによって伯爵の地位を得た。

どんなに不遇で、どんなに苦難に見舞われても、揺るぎない自信を持ち、強い決意を抱いて勇猛果敢に行動する人間に対して、世の中は最大限の敬意を表して道をゆずり、喜んで大きな報酬を差し出すのである。

168

本当の幸せとは

本当の幸せは神経系の刺激によって得られるものではない。したがって、食べること、飲むこと、見ること、聞くことでは本当の幸せは得られない。あるいは所有欲を満たしても、本当の幸せは得られない。

いつも自分のことばかり考え、自分の欲求を満たし、自分が幸せになることを優先している人は、失望することになる。

本当の幸せは、善行を施して人びとの役に立つという喜びから生まれるものだ。といっても大きなことである必要はない。誰かに対して優しい言葉をかける、寛大に振る舞う、困っている人を手助けするといった、ちょっとしたことで十分だ。

本当の幸せを手に入れたいなら、利己的であってはいけない。本当の幸せを手に入れるには、利他の心を養うことが不可欠だ。他人の幸せを願っている人だけが、自分の幸せを見つけることができる。

169

楽しそうな顔をする

ある高齢の女性が撮影のために写真屋を訪ねた。彼女が椅子に座ると、写真屋は「にっこりと微笑んでください」と言った。

「そんな急に笑顔を見せられると思いますか？」と彼女は反論した。

「心の持ち方次第ですよ。もう少し楽しそうな顔をしてください」

彼女は写真屋の指示どおり、楽しそうな顔をしたら明るい気持ちになった。

「はい、それでいいのです。二十歳くらいお若く見えますよ」と写真屋は言った。

彼女は奇妙な気分で帰宅した。夫が亡くなって以来、ほめられたのは初めてだったからだ。もちろん悪い気はしなかった。

後日、写真が出来上がると、ふだんより若く写っていた。そこで楽しそうな顔をすることを心がけていると、女性の知人に「最近、お若く見えますが、秘訣を教えてください」と言われた。そこで彼女は「心の持ち方次第ですよ。楽しそうな顔をすればいいのです」と答えた。

170

ふだん忙しくする

毎日、することがなくて暇を持て余していると、人間は幸せにはなれない。ときおり何もすることがないというのは自然だとしても、そういう状態がずっと続いているなら考えものだ。人間は無限の自由を手に入れても楽しめないのである。

家事労働を含めて何らかの仕事をしてふだん忙しくしていると、たまの休みが楽しみになり、休日の過ごし方を事前に計画するから、当日になると充実した時間を過ごすことができる。

つまり、日ごろ適度に忙しくしているほうが休日を存分に楽しめるので、人間はかえって幸せになれるのである。

171

心配しすぎない

人間は仕事をしすぎて死ぬのではない。

多くの場合、仕事について心配しすぎて死ぬのである。

嫌な仕事をしなければならないという心配をずっとしていると、やがてノイローゼになって生命力が失われるのだ。

だから、そうなる前に健全な方法で心配性を克服する必要がある。

172

明るい笑顔の力

すべての人は明るい笑顔を見せてくれる人が大好きだ。そばにいるだけで暗い気分を吹き飛ばしてくれる人には人望が集まる。

明るい笑顔はどのような病気でも癒すことができる魔法の妙薬である。

悲観的な人や不平を言いがちな人を含めて、すべての人が明るい笑顔の力を知れば、世の中はもっと幸せにあふれた住みやすい場所になるに違いない。

たとえ目の前が真っ暗でも、その先にある光明を見よう。

明るい笑顔を絶やさないためには強い精神力が必要だが、もしそれだけの精神力があるなら、どんな苦難に見舞われても、やすやすと切り抜けることができる。

173

もう一度やってみる

途中であきらめる人は大きなことを成し遂げられない。何かを始めても、困難に直面すると、すぐに別のことに取りかかるから、収穫が得られないのだ。

他の多くのダイバーが落胆してあきらめたときでも、成功するダイバーはもう一度もぐって美しい真珠を見つける。「もう一度やってみる」という粘り強さが成否を分けるのだ。

落胆しても、すぐにあきらめてはいけない。落胆しているときは頭脳の働きが悪くなり、判断力が鈍っているために状況がよく見えなくなっている。だから気を取り直して粘り強さを発揮すれば、大きな成果が得られるかもしれないのだ。

船員たちがあきらめかけたとき、コロンブスは彼らに勇気と希望を与えて「とにかく前進せよ」と指令を出した。

道のりが簡単なときは誰でも前進できる。だが、道のりが厳しくなって大多数の人があきらめる中で前進を続ける人だけが勝利を収めることができる。

174

勇気を持ち続ける

何かを成し遂げようとしているとき、途中で立ちはだかる困難を克服できそうにないと感じても、希望を失ってはいけない。遠目に見て巨大に見える困難は、近くで見ると意外と小さいものだ。

勇気を持ち続ければ、前進するにつれて道は平たんになる。あなたが抱えている困難よりもずっと大変な困難を克服した人たちの伝記を読んでみるといい。大きな自信を持てば、途中で出くわす困難は小さく見えてくる。

175

すべきことは今すぐにする

社会改革者のヘンリー・ウォード・ビーチャーは「なぜそんなに多くの偉業を成し遂げることができたのか？」と尋ねられ、「思い立ったら、すぐに行動を起こしたからだ」と答えた。

多くの人は何かをする前に頭の中であれこれ考え込んで不安を抱き、実際にするのと同じくらい多くのエネルギーを浪費している。

ある会社の職場には「すべきことは今すぐにしろ」と書かれた紙が貼ってある。もしすべての人がこの標語を実行したら、世の中の問題の大半はたちまち解決できるだろう。きっと多くの善行が施され、多くの会社は倒産を免れ、多くの夢が実現し、人びとの生活は大きく改善するに違いない。

176

最も困難なことを先にする

大成功を収めたある実業家のオフィスには、「最も困難なことを先にせよ」という標語が書かれた紙が貼られている。彼はこんなことを言った。

「ある日、私は不快で困難な課題を避ける習慣に陥ってしまっていて、その亡霊に悩まされていることに愕然としました。そこで、いつも目にする場所にこの標語を貼り、毎朝、その方針に従って、一日の仕事の中で最も困難な課題に取りかかりました。先延ばしにしてきたことに全力で取り組むと、困難だと思っていたことが意外と簡単だと気づきました。私が成功したのは、最も困難なことを先にする習慣を身につけたおかげです。この短い標語が私の人生に革命を起こしました」

多くの人が人生で失敗するのは、不快で困難な課題から逃げているからだ。あとで不快で困難な課題が待ち受けていると思うと、気分が暗くなり、頭の働きが鈍る。もちろん、最も困難なことを必ず先にできるとはかぎらないが、いつまでも逃げていてはいけない。

177

自分をたえず鍛錬する

少しでも気分が乗らなければ、自分を哀れみ、自分を甘やかし、自分をいたわる人は、努力するのを嫌がるから、立派なことができない。

成功をめざすなら、自分をたえず鍛錬しなければならないが、軟弱な人にはそれができないのだ。

何かを成し遂げたいなら、気分が乗っても乗らなくても、自分を奮い立たせて仕事をしなければならない。

どんなにつらくても、自分に利益をもたらして成長を促す習慣を若いうちから身につけるべきである。

178

逃げずにまっすぐに歩む

大多数の人が晩年になっても目標を達成できない理由は、その目標に向かって一直線に突き進まなかったからだ。

彼らは障害を避けるために迂回路を通ろうとする。川を渡り、山のすそ野にトンネルを掘れば一直線に突き進むことができるのに、それをせず、川や山を避けて遠回りをするのである。どんなに道が険しくても、勇敢な人は嫌なことから逃げず、目標に向かって一直線に突き進む。大多数の人は嫌なことから逃げて迂回路を通りたがるので、目標に到達するのが遅れてしまい、成果を最大化することができなくなるのである。

成功をめざす人は、困難について心配したり、前方に待ち受けている道が険しいかどうかを考えて悩んだりしない。目標に向かって一直線に突き進むことは、目標をより早く達成できるだけでなく、困難を乗り越えることに対する満足感にもつながるのである。

179

被害者意識を捨てる

視野が狭い人は「世の中は不公平だ」と言って時間と労力を浪費する。一方、視野が広い人は時間と労力を仕事に集中し、困難を乗り越えて突き進む。

いつも「運が悪い」と不平ばかり言っている人を助けたいと思う人はいない。人びとは「そういう人は助けるよりも叱るべきだ」と感じるものである。

良識のある経営者は「仕事がない」と嘆く人に共感を覚えず、「運が悪い」と言う人を雇おうとしない。最近、イギリスのある有名な実業家が「自分は運が悪いと面接で言う人を採用しない」と明言しているという話を聞いた。

これは残酷なように聞こえるかもしれないが、不運な被害者のように振る舞い、「運が悪いから、いい仕事が見つからない」と言う人を採用したいと思う経営者はいないのである。

180

人間の最高の行為とは

人間にとって最高の行為は、
自分の精神を鍛え、能力を開発して人びとの役に立つことである。

181

怒りをコントロールする

日常生活を営んでいると、腹立たしいことはたくさんあるかもしれない。しかし、太古の昔から賢者は怒りをコントロールすることの重要性を力説してきた。

聖書には「腹を立てない者は力の強い者よりすぐれている」と書かれている。

古代ギリシャの哲学者プラトンは「怒りをコントロールできる者は最高の勝利を収め、怒りに翻弄される者は最悪の敗北を喫する」と言っている。

182

たった一時間、されど一時間

ふだんつまらない娯楽に費やしている一時間を有効に活用すれば、平凡な能力しかない人でも非凡な成果をあげることができる。

一日に一時間の勉強を十年にわたって継続すれば、どんなに無知な人でも博識になることができる。

一日に一時間、本を二十頁ずつ読めば、年間で七千頁以上を読むことができる。

一日に一時間の有効活用を継続すれば、信じられないくらい大きな差がつく。

一日に一時間の有効活用を長年にわたって継続すれば、無名の人が社会の役に立って活躍する名士に変身することができる。

183

気力、知力、体力を万全の状態にする

活力が衰退し、能力が阻害され、希望が失われると、素晴らしいものを生み出すことはできない。だからいつも元気はつらつとして、情熱にあふれた状態で仕事に打ち込むことが職業人の責務である。

多くの失敗者に共通しているのは、睡眠不足、運動不足、気分転換の欠如、創造的な余暇の欠如、不規則な生活だ。その結果、気力、知力、体力が落ちて人生を最大限に楽しむことができなくなる。

毎日の仕事は誰にとっても人生で最も重要なイベントだと言っても過言ではない。世界的なプリマドンナが舞台公演を前に万全の準備をするのと同じくらいの心構えで、私たちは日々の糧を得る仕事に取り組むべきだ。そうすれば、仕事に気迫がみなぎり、人生は大きく変わる。

184

職場で笑う

大富豪の実業家アンドリュー・カーネギーは、こう言っている。

「笑いがほとんどない場所では、成果はほとんどあがらない。だが、もし仕事に喜びを感じ、嫌なことを笑い飛ばすなら、必ず大きな成果をあげることができる」

ところが多くの経営者は、職場で笑うことは不謹慎であり、貴重な時間が無駄になり、士気が低下するという理由で、笑わないように従業員を指導している。

しかしその一方で、カーネギーの主張に賛同する経営者もたくさんいる。笑うことで一時的に緊張がほぐれ、ストレスがやわらぎ、仕事に好影響をおよぼすことに気づいているからだ。職場で笑いが起きると、強壮剤のような作用によって従業員は気分がよくなり、さらに頑張ろうと思えるのである。

暗い表情を浮かべていると、仕事がうまくいかず、顧客が逃げてしまう。一方、明るい表情を浮かべていると、仕事が順調に進み、顧客をひきつけることができる。

185

太陽のような存在になろう

太陽は偏見も憎しみも敵意も持たず、どの家庭にも明るさと喜びをもたらす。太陽は誰に対しても恵み深く光をもたらし、人びとに美と健康と生命力を吹き込む。

広い心を持った明るい人は、まるで太陽のような存在だ。そういう人は落ち込んでいる人を励まし、悩んでいる人に希望を与え、病んでいる人を癒すことができる。素晴らしい魅力があふれているから、他の人たちには固く閉められている扉も、その人の前ではすんなり開く。

愉快な友人がときおり訪ねてくると、私はどんなに忙しくても嬉しくなって招き入れる。そして、彼が去ったあとは楽しい余韻にひたることができる。そういう人は誰の周りにもいるはずだ。いつも誰にでも明るく接するから、どこに行っても歓迎され、誰からも愛される。

186

逆境は成功につながる

逆境は、強い決意を抱いている人を成功に導く。

抜き差しならない状況で克服できそうにない困難をどう見るかが、その人が成功する能力を測る物差しになる。ある人にとっては、目の前が困難で満ちていて、絶望してあきらめたくなる状況でも、別の人は希望を持ってそういう困難を次々と乗り越える。乗り越えられない困難はないと思っているからだ。

不可能に見えることを前にして思い悩んでいる人がいる一方で、それをやり遂げる人がいる。ある若者は「自分にはそれができそうにない」と言って、なんの進歩も遂げようとしない。困難に直面すると、彼はすぐに勇気を失ってしまうのだ。

戦いが始まる前からあきらめる習慣は、成功をめざしている人にとって致命的である。そういう人は試練を通じて人格を磨くことができない。

187

なぜ行動を起こさないのか？

若い人たちから「大きなことを成し遂げて人生で成功する資質が自分にあるでしょうか？」という質問をよく受ける。私は「そういう資質は十分にあると思うが、実際に成功するかどうかは、あなた次第だ」と答える。

成功する資質を持っていることと、実際に成功することはまったく別である。成功しない大勢の人には非生産的な習慣があり、それが成功を阻んでいるというのが実態だ。

大きなことを成し遂げたいと思っているのに、なぜ行動を起こさないのだろうか？　この質問に答えれば、おのずと理由がわかるはずだ。

188

自分の健康は自分で守る

かつて田舎では病院が近くになかったので、住民のあいだでは自分の健康は自分で守るという意識が強く、病気になりにくかった。

ところが最近では、とくに都会がそうだが、病院があちこちにできて、人びとはすぐに医者にかかればいいと安易に考え、自分の健康は自分で守るという意識が希薄になり、かえって病気になりやすくなった。もちろん医者にかかる必要がある場合は病院に行けばいいが、自分の健康管理をすべて医者任せにするのは好ましくない。

とはいえ、親は心配性である場合が多く、すぐに子供を病院に連れていく傾向がある。そのため子供は自分の健康管理を医者に任せる癖がついてしまい、生涯にわたって不要な薬や手術などの治療を受けることになる。

189

運命のせいにしない

多くの人は大きなハンディーキャップを背負っていないにもかかわらず、自分のふがいなさを運命のせいにして正当化しようとする。

これは運命論者がよく口にする言い訳だ。ふがいなさの本当の原因は、運命ではなく意志力の欠如にある。どんな人でも人生を好転させる力を秘めているのに、それに気づかないのだ。

190

逆境に強い人

意志薄弱な人間は常に言い訳をする。そういう人の行く手にはいつも「乗り越えられない壁」が立ちはだかっている。

だが、勇猛果敢な人にとって、乗り越えられない壁は存在しない。嘲笑や罵声、批判を浴びせられると、ますます決意を固くする。逆境が大きければ大きいほど、ますます意欲がわいてくるのだ。

191

読書の喜び

本を読むときは必ず筆記具を手に持ち、新しい考え方のヒントを得たら、それを忘れないうちに書きとめよう。

良書を読んだら一人で散歩をしながら、学んだことを振り返ってみよう。偉大な思想家によって書かれた良書から学ぶべきことはたくさんある。最も役に立つ本とは、最も考えさせてくれる本だ。

小説、科学書、哲学書、自己啓発書のどれであれ、何らかの本を読んで刺激を受け、ものの見方が大きく変わったなら、それは良書である。なんの刺激も受けなかったなら、それは良書ではない。

できるかぎり多くの良書を入手して読破しよう。すべての人は自分と家族のために良書をたくさん収めた本棚を持つべきだ。これにまさる贅沢はほとんどない。

192

良書に親しむ

たった一冊でも悪い本を読むことの影響は計り知れないものがある。

私たちの体が食べ物の栄養を吸収するのと同じように、私たちの頭は本の内容を吸収する。

よい食べ物はよい血液になり、悪い食べ物は悪い血液になる。

悪い本が立派な人格をつくらないのは、悪い食べ物が健康な身体をつくらないのと同じことである。

親は子供が悪い仲間と付き合わないように気をつけるが、悪い本の影響はもっと大きいかもしれない。

親は子供が小さいころから良書に親しむようにしつけるべきである。いったん良書に親しむ習慣を身につければ、書店に悪い本が並んでいても、子供はそれに見向きもしなくなる。

193

たった一冊の良書との出合いが人生を変える

視野を広げてくれる本に出合うと、突然、目の前に新しい世界が広がり、あらゆることが興味深く見えてくる。

こんなふうに、たった一冊の良書との出合いによって、多くの人が崇高な道を歩み始めた。

生涯の宝物になる良書をたくさん読もう。時間を無駄にせず、その時間を活用して貴重な読書体験をしよう。

194

本当の成功とは？

本当の成功とは、偉大な業績によって測られるものではなく、知名度や資産によって測られるものでもない。

質素に暮らし、正直かつ熱心に全力を尽くして仕事をし、物事を最後までやり遂げ、日常の義務を遂行し、あらゆる取引を誠実におこない、友情を大切にし、寛容の精神を発揮して周囲の人を手助けし、高邁な理想を追求することによって、人生の成功が手に入るのである。

195

声に出して唱えることの威力

同じ言葉でも心の中で唱えているかぎり、それを声に出して唱えるときのようなインパクトはない。声に出して唱える言葉は、心の中で唱える言葉よりも強烈な印象を脳に与えるからである。

たとえば、素晴らしい講義や講演を聴くと、それを活字で読むより強い感銘を受けることは、誰もが経験的に知っているとおりだ。それと同様に、活字で読んだことは忘れても、声に出して読むと記憶に残りやすい。

つまり、何かを声に出して聞くことは、きわめて大きなインパクトを持っているということだ。その力を積極的に利用しない手はない。

声に出して自分にポジティブに話しかけよう。それは素晴らしい人生をつくるうえで非常に重要である。

196

自己暗示の力

数年前、会議で発言するのが怖くて仕方がないという非常に繊細で臆病な男性と出会った。人前で注目を浴びると顔が真っ赤になるほど内気な性格だったので、人が集まる場所を避けていた。

彼は何年間も苦悩に満ちた日々を送っていたが、ある日、「自己暗示によって奇跡が起きる」と説く本と出合った。そして、その本に書いてあることを実践すると、物おじしない前向きな性格になった。周囲の人は彼の立ち居振る舞いが改善していることを見て取った。

現在、彼はまったく恥ずかしがらずに重要な会議の議長をつとめている。自己暗示の力はそれくらい強いのだ。

もし繊細で臆病で失敗の恐怖におびえているなら、「必ずできる」「絶対に目標を達成する」「どんなことでもやり遂げてみせる」と何度も声に出して唱えよう。そうやって自分を鼓舞しながら行動すると、自己暗示の力が働いて成功に導いてくれる。

197

人生の目的を明らかにする

人生の目的を明らかにするために、次の質問を自分に投げかけよう。

「なぜ自分はここにいるのか？　自分の存在意義は何か？　世の中に向かってどんなメッセージを発信したいか？　地域社会にとってどんな存在か？　何を大切にしているか？　どんな使命感を持って生きているか？　社会に貢献するために何かをしているか？　自分以外の誰かにとって大切な存在か？　お金と名誉と安楽な生活を手に入れること以外にどんな目的を持って生きているか？　自分の目標を達成するために他人を蹴落としていないか？　ふだん他人に親切な行為をしているか？　未来のために大きな夢を抱いているか？　人びとを励まして勇気と希望を与えているか？　あなたがいなくなったら、世間の人はそれを残念に思うか？」

198

創意工夫をする

目標の達成をめざして努力していると、「途中で多くの困難に出くわすから、どうせあなたは失敗する」と決めつける悲観主義者が必ずたくさん現れる。

だからこそ、困難を乗り越えて目標にたどり着くには、何物にも屈しない強い意志力、揺るぎない信念、卓越した行動力が必要になる。ゴードン・セルフリッジが世界的な経営者になれたのは、それらを兼ね備えていたからにほかならない。

彼はシカゴの会社で働きながら経営について学び、保守的なロンドンに行って商売をした。現地の人たちは五階建ての商業施設を見て、「イギリス人はエレベーターで上り下りして買い物するのを面倒がるから、アメリカ式のやり方ではうまくいかない」と予想した。だが、セルフリッジズ百貨店はイギリスで大好評を博した。

彼は成功の秘訣を聞かれ、「ライバルに負けないように独創性を最大限に発揮し、不可能だと思われていた新機軸を次々と打ち出すために創意工夫をしたことが功を奏した」と語った。

199

ユーモアの精神を大切にする

ユーモアの精神とは何にでもおかしさを見いだす健全な能力のことで、生計を立てる能力と同じくらい普遍的に人間に与えられている。

ユーモアの精神をはぐくむことは、すべての人に課せられた責務である。ユーモアの精神は心の栄養剤であり、人生の潤滑油だからだ。

たえずユーモアの精神をはぐくみ、いつも喜びにあふれている人は、最も幸せであるだけでなく、最も世の中の役に立ち、最も成功し、最も長生きする。

VIII

愛情と友情をはぐくむ

200

いつも笑みを浮かべる

人びとを喜ばせようとする純粋な気持ちは、成功を収めるための素晴らしい資質だ。人間は好き嫌いで動くから、人びとを喜ばせようとする魅力的な性格は大きな強みになる。人びとを喜ばせるためには、まず笑みを浮かべることから始めよう。

いつも苦虫を噛みつぶしたようないかめしい表情を浮かべているなら、誰からも好かれない。人びとは明るく楽しい顔を好きになるからだ。私たちは常に明るい太陽の光を探し求め、どんよりとした暗雲を避けようとするものである。

次に、誠実な気持ちで相手を好きになろう。下心があれば、すぐに見抜かれる。もしあなたが誠実な気持ちで相手を好きになれば、相手はすぐにそれを察知し、あなたを好きになる可能性が高い。

201

本当の友情をはぐくむ条件

たえず他人のあら探しをしている人には気をつけよう。そういう人は危険だから信用してはいけない。

他人のあら探しをする人は、他人のいい点を見つけようとしない。そういう人はとても嫉妬深いので、もし誰かが他人のいい点を見つけてほめたら、悪意を持ってそれを否定したり矮小化したりする。

もし友人が他人をけなしていることに気づいたら、その人と付き合うのはやめよう。他人をけなす癖のある人は、いつかあなたをけなす可能性がある。自分は友人だから大丈夫だと高をくくってはいけない。そういう人は本当の友情をはぐくめないから、遅かれ早かれ人間関係は破綻するだろう。

本当の友情をはぐくむ人は、他人をけなすのではなく支援しようとする。だから相手の欠点に気づいても、それをいちいち咎めたりしない。

202

理想の夫婦像

夫婦は対等の関係にあるから、主従の関係ではなく、双方がお互いの幸せのために最善を尽くすのが理想の姿だ。

経済的な側面だけでなく、生活のすべての側面において、夫婦は補い合う関係にあるので、両者に優劣はなく、家事労働の分担を含めて、それぞれに見合った働き方をすればよい。

しかし残念なことに、多くの夫は妻と口論になるとカッとなり、自分のほうが偉いという勝手な思い込みから妻を見くだす発言をしがちである。夫は冷静さを取り戻すと妻に謝るかもしれないが、妻が夫に隷属しているかのような発言は夫婦のきずなに亀裂を生じるだけでなく、成長期の子供にも悪影響をおよぼす。

203

今が人生で最高の時期だ

神学者のライマン・アボットはこう言っている。

「快楽は青年期のためにあり、喜びは中年期のためにあり、恩恵は高齢期のためにある。したがって、高齢期が人生で最高の時期だ」

しかし、恩恵を受けるために高齢期まで待つ必要はない。生きていることの恩恵は何歳でも受けられるからだ。

そのための最高の方法は、愛と希望にあふれた明朗快活な心を持つことである。誰に対しても嫉妬心や悪意を持たず、常に優しく親切に接すれば、公私にわたってさまざまな地位や立場の人と友情をはぐくみ、生きていることの恩恵を何歳でも受けることができる。

204

子供にガミガミ言わない

子供にガミガミ言う親は、「立派な大人になってほしいという願いを込めて厳しくしつけている」と言って自分の悪い癖を正当化する。

しかし、そんなふうに「愛情表現」をする親は、ある作家が書いた次の文章を肝に銘じるべきである。

「子供にガミガミ言う親はそれが愛情の証しだと言うかもしれないが、その言動はあまりにもひどくて愛情のかけらも感じられない。結局、親は腹を立てているにすぎず、子供は深く傷ついて、家庭内が不穏な空気になるばかりだ」

205

子供をほめて励ます

親がいつもガミガミ言うせいで、どんなに多くの少年が家を出て不良仲間とつるむようになることか。親にたえずガミガミ言われると、血気盛んな少年はむしゃくしゃして盛り場に行ったり、街角で悪い遊びを覚えたりする。

親がいつもガミガミ言うせいで、どんなに多くの少女が「こんな家にいるくらいなら誰かと一緒になったほうがましだ」と思い、不幸な結婚生活を送るはめになることか。親にたえずガミガミ言われると、繊細な女性は心が傷つき、家の外に慰めを求めるのである。

男女を問わず、若い人は親にしつこく説教されるのをひどく嫌がる。彼らは自分をほめてほしいと願い、温かい励ましの言葉を求めているのである。だからもし親が積極的にほめて励ませば、子供は大喜びして献身的に親孝行をする。

206

明るく振る舞う習慣を子供に教える

子供がすくすくと育つために喜びにあふれた幸せな時間が必要なのは、植物の苗が大きく育つために豊かな土壌と明るい太陽の光が必要なのと同じである。

もしすべての子供が喜びにあふれた人生を送ることを教われば、社会に蔓延する不幸、病気、犯罪は激減するだろう。大人は子供のスキルを伸ばす教育を重視しているが、明るく振る舞う習慣を教えることはあまり重視していないようだ。

しかし、明るく振る舞う習慣を子供に教えることほど重要な教育はない。子供に明るく振る舞う習慣を身につけさせることは、人生の準備として不可欠である。

フランスの哲学者モンテーニュは『随想録』の中でこう書いている。

「もし私に権限があるなら、かつて賢者がしたように、満面の笑みを浮かべて明るく振る舞っている少年少女の絵をすべての学校の壁に飾りたい」

207

子供に試練を与える

地道にこつこつ努力して貧しい境遇から抜け出し、一代で財を成したことに誇りを持っている多くの成功者が、わが子は同じ経験をしないように特別の配慮をするのは、親心とはいえ奇妙なことではないだろうか。

成功した親が子供を甘やかして要望をすべてかなえ、贅沢な暮らしをさせるばかりで、苦労しながら能力を開発することによって人格を鍛える機会を子供に与えようとしないのは、親心とはいえ奇妙なことではないだろうか。

208

若い人に対する正しい指導法

たえず小言を言われ、落ち度を指摘され、些細なミスをするたびに叱られ、しっかり仕事をしているのに一言もほめてもらえず、励ましてもらえないなら、従業員は深く傷つく。

情熱は成功に不可欠な要素だ。しかし、たえず叱られ、けなされ、「うまくできないなら、やめてしまえ」などと言われると、本人はやる気をなくしてしまう。実際、こういうネガティブな指導は多くの人の人生を破滅させてきた。

たとえば、若くて繊細な作家は、編集者に原稿をボツにされたり、批評家に作品を酷評されたりすると、「こんな屈辱には耐えられない」と思い、励ましてもらったなら名作を生み出す能力を開花できたかもしれないのに、自信を失って二度と挑戦しなくなることがよくある。

親や教師、上司、経営者といった責任のある地位に就いている者は、若い人の資質を見抜き、些細なミスには目をつぶって、ほめて伸ばす指導を心がけるべきだ。そうすれば、失敗者や犯罪者はかなり減るに違いない。

209

お金儲けより大切なこと

世の中にはお金を稼ぐよりもっと重要なことがあることを肝に銘じよう。
健康と家族と友情は、お金儲けより千倍も価値がある。
人生は楽しむために与えられたものであり、単にお金を稼ぐためのものではない。

210

子供に本を読む習慣を身につけさせる

多くの人は本の重要な箇所にしるしをしたり、頁の角を折り曲げたりしない。たいていの場合、本棚に収められている本は購入時と同じようにまっさらだが、彼らの頭の中もまっさらだ。本にしるしをしたりメモをしたりすることを恐れてはいけない。なぜなら、そうすることによって本はさらに価値のあるものになるからだ。

たとえ服代を節約しても、本代を節約してはいけない。子供を学校に行かせられなくても、良書をたくさん買って教養を身につけさせよう。本代は学費よりもずっと安い。

夕食時に家族団らんを楽しむのは素晴らしいことだが、食事が終わったら、良書を読んで勉強する時間をつくろう。多くの人は読書というと軽薄な娯楽小説をイメージするが、世の中にはもっと素晴らしい本がたくさんあることを親は子供に教えるべきだ。いったん自己啓発の習慣が身につけば、子供は遊びよりも勉強を楽しみにするようになる。

211

楽しく過ごす

子供にとっても大人にとっても、楽しく過ごすことは世の中で最も安くて最もよく効く薬である。

子供には勉強させるだけでなく、楽しく過ごす時間を十分に与えよう。

それは子供をより幸せにし、より健全な人生を歩むのに役立つ。

大人も仕事に励むばかりではなく、余暇を楽しむ必要がある。

それは健康を増進し、明日への活力になり、医療費の節約につながる。

212

円満な家庭を築くことの重要性

些細なことで口論をする習慣は、心身の健康に悪影響をおよぼす。疲れているときはとくにそうだ。

昼間の過酷な労働のあとで、一晩中、口喧嘩をしている家族をたくさん見てきた。すっかり疲れて帰宅しても、家庭が憩いの場にならずに心がすさみ、熟睡できないので朝目を覚ましても疲れが残り、仕事に支障をきたすケースは無数にある。

こういう家庭で暮らしているとストレスがたまるばかりで、ノイローゼや心身の不調に陥りやすい。

円満な家庭が人びとの心身の健康にどれだけ重要であるかは、いくら強調してもしすぎることはない。

213

愛に秘められた魔法の力

聖書には「愛は健康を増進し、寿命を延ばす」と書かれている。

たしかにそれは真実だ。恐怖心と嫉妬心は寿命を縮めるが、愛に秘められた魔法の力は寿命を延ばすことができる。

愛に秘められた魔法の力によって、野暮ったい荒くれ男が献身的で紳士的な夫に変身するのを見たことがあるだろう。

愛に秘められた魔法の力によって、か弱い女性が昼も夜も一生懸命に働いて大家族を養った例は数えきれないほどある。

214

善良な心

ある先生が道徳の時間に「この世で最も望ましいものは何か？」と質問した。いろいろな答えが出たあとで、最後の生徒が「善良な心です」と答えた。すると先生は「まさにそのとおり」と言い、「善良な心を持っているなら、よき友に恵まれ、満足して生きることができる」と付け加えた。

善良な心、親切な気持ち、友愛の精神に満ちた性格は、どんな億万長者の資産にも勝るとも劣らない力を持っている。そういう性格の持ち主なら、たとえお金を持っていなくても、社会のために善行を施すことができる。

215

親切な若者に報いた大富豪

フランスの有名な画家ドラクロワは、パトロンだった大富豪のジェームズ・ロスチャイルド男爵との会食中に面白いアイデアを思いついた。制作中の絵画に描く乞食のモデルが見つからずに困っていたが、目の前にいる人物が最適だと考えたのだ。男爵は美術愛好家でユーモアにあふれていたので、喜んでその申し出を引き受けた。

男爵がパリのアトリエで乞食に変装してモデルになっていたとき、ドラクロワが席を外し、弟子が入ってきた。彼はロスチャイルド男爵を見て、てっきり本物の乞食だと思い、同情して、なけなしの小銭を手渡して立ち去った。

男爵はその親切心に感動し、後日、ドラクロワを呼んで、「ありがたく受け取った小銭に、貴殿の温かい心づかいにふさわしい利息をつけて一万フランをお渡ししたいので、すぐにパリの事務所まで来てほしい」と書いた紙を弟子に手渡すように言った。

親切にしてくれた若い画家を支援するために、男爵は機転を利かせたのである。

216

子供を甘やかして育てることの罪悪

ある科学者が蝶のコレクションに興味を持っている友人にサナギをプレゼントし、「これはとても美しい蝶に成長するよ」と言ったあとで、「羽化のプロセスに手出しをせずに注意深く観察するように」と付け加えた。

友人は言われたとおりサナギをじっと観察していると、やがて殻の中で幼虫が動き、外に出ようとして、もがいているのが見えた。友人はしばらく殻を破りたくなる衝動を抑えていたが、とうとう好奇心に負けて殻に小さな穴をあけた。するとすぐに美しい蝶が出てきたが、羽ばたかずに下に落ちて地面を這うだけだった。

科学者はその理由について、「蝶が外に出ようとして、もがいているときに手伝うと、羽が十分に生育しないので飛べなくなるのだ」と説明した。

これは成長期の若者にも当てはまる。自力で試練を乗り越えないと、能力を十分に開発できず、一人前の人間になれない。これは親に甘やかされて育った人によく見られる現象である。

217

わが子に残すレガシー

親が子に残すことのできる最高のレガシーは何か？
それは、優しい性格、寛容の精神、広い教養、強い責任感を兼ね備えた立派な人格者だった
という思い出である。

参考文献　年代の古い順、( )内は刊行年

- Pushing to the Front (1894)
- Architects of Fate (1895)
- How to Succeed (1896)
- Success (1897)
- Cheerfulness as Life Power (1899)
- An Iron Will (1901)
- Success Nuggets (1906)
- Every Man a King (1906)
- The Optimistic Life (1907)
- He Can Who Thinks He Can (1909)
- Peace, Power and Plenty (1909)
- Be Good to Yourself (1910)
- The Miracle of Right Thought (1910)
- Self-Investment (1911)
- Keeping Fit (1914)
- Everybody Ahead (1916)
- The Victorious Attitude (1916)

- How to Get What You Want（1917）
- The Joys of Living（1917）
- Making Life a Masterpiece（1917）
- Thrift（1918）
- Ambition and Success（1919）
- You Can, But Will You?（1920）
- Masterful Personality（1921）
- Prosperity（1922）
- The Conquest of Worry（1924）

編訳者あとがき

著者のオリソン・マーデンの略歴は本書の冒頭で述べましたが、ここで簡単に補足しておきます。

マーデンの代表作『Pushing to the Front』は明治期の日本に大きな影響力を与えました。たとえば、国民的作家である夏目漱石の『坊っちゃん』には次のような一節が出てきます。

「おれのような数学の教師にゴルキだか車力だか見当がつくものか、少しは遠慮するがいい。云うならフランクリンの自伝だとか『プッシング、ツー、ゼ、フロント』だとか、おれでも知ってる名を使うがいい」

つまり、ロシアの小説家ゴーリキーなどは聞いたこともないが、フランクリンの自伝やマーデンの本（当時の邦題は『立身策』、のちに『前進あるのみ』）なら数学教師の自分でも題名だけは知っている、と漱石は主人公の坊っちゃんに言わせているわけです。

実際、どちらの本も一般大衆に広く受け入れられました。当時、すでに英米では自己啓発本は大好評を博していましたが、日本でも明治期になって西洋の自己啓発本に親しむ人が一気に増えました。

マーデンの成功哲学は単純明快ですが非常に奥が深く、とくにイギリスの自己啓発作家スマイルズの影響を受けて、刻苦勉励や自助努力といった伝統的な美徳を強調しています。また、楽観主義、寛容の精神、快活な性格の重要性を説き、さらに引き寄せの法則にも言及しています。

余談ですが、マーデンの成功哲学を最も体現した著名人の一人は、同じ名前の長男だったのかもしれません。この人は世界的に活躍した弁護士で、死後に生前の功績をたたえるために、人権救済に寄与した法曹関係者に贈られるオリソン・マーデン賞が国際法律支援協会によって設立されました。

最後に、本書の出版に際しましては、ディスカヴァー・トゥエンティワンの藤田浩芳さんに大変お世話になりました。厚く御礼申し上げます。

編訳者しるす

最高の人生を約束する　自分の磨き方

発行日 ―――― 2024年5月24日　第1刷
2025年1月20日　第3刷

Author ―――― オリソン・マーデン
Translator ―――― 弓場 隆
Book Designer ―― LABORATORIES

Publication ―――― 株式会社ディスカヴァー・トゥエンティワン
〒102-0093　東京都千代田区平河町2-16-1 平河町森タワー11F
TEL 03-3237-8321(代表) 03-3237-8345(営業)　FAX 03-3237-8323
https://d21.co.jp/

Publisher ―――― 谷口奈緒美
Editor ―――― 藤田浩芳

Store Sales Company
佐藤昌幸　蛯原昇　古矢薫　磯部隆　北野風生　松ノ下直輝　山田諭志　鈴木雄大
小山怜那　藤井多穂子　町田加奈子

Online Store Company
飯田智樹　庄司知世　杉田彰子　森谷真一　青木翔平　阿知波淳平　大﨑双葉　近江花渚
徳間凜太郎　廣内悠理　三輪真也　八木眸　古川菜津子　高原未来子　千葉潤子　金野美穂
松浦麻恵

Publishing Company
大山聡子　大竹朝子　藤田浩芳　三谷祐一　千葉正幸　中島俊平　伊東佑真　榎本明日香
大田原恵美　小石亜季　舘瑞恵　西川なつか　野﨑竜海　野中保奈美　野村美空　橋本莉奈
林秀樹　原典宏　牧野類　村尾純司　元木優子　安永姫菜　浅野目七重　厚見アレックス太郎
神日登美　小林亜由美　陳玟萱　波塚みなみ　林佳菜

Digital Solution Company
小野航平　馮東平　宇賀神実　津野主揮　林秀規

Headquarters
川島理　小関勝則　大星多聞　田中亜紀　山中麻吏　井上竜之介　奥田千晶　小田木もも
佐藤淳基　福永友紀　俵敬子　三上和雄　池田望　石橋佐知子　伊藤香　伊藤由美
鈴木洋子　福田章平　藤井かおり　丸山香織

Proofreader ―――― 文字工房燦光
DTP ―――― 有限会社マーリンクレイン
Printing ―――― シナノ印刷株式会社

ISBN978-4-7993-3043-2
SAIKONO JINSEIWO YAKUSOKUSURU JIBUNNO MIGAKIKATA by Takashi Yumiba